W0086787

Alle Angaben in diesem Buch beruhen auf dem neuesten Stand von Wissenschaft und Forschung. Grundsätzlich sollten jedoch alle Befindlichkeitsstörungen mit einem Arzt bzw. Heilpraktiker besprochen werden, ehe eine Selbstbehandlung vorgenommen wird. Insbesondere muss geklärt werden, dass die Beschwerden nicht Symptome von Krankheiten sind, die dringender ärztlicher Hilfe bedürfen. Für den Erfolg bzw. die Richtigkeit der Anwendungen in jedem Einzelfall können Autorin und Verlag keinerlei Gewähr übernehmen.

Eva Goris

Und die Seele wird nie satt...

Ein Ratgeber zur Überwindung
von Essstörungen bei
Kindern und Jugendlichen

WILHELM HEYNE VERLAG
MÜNCHEN

HEYNE RATGEBER
08/5368

Umwelthinweis:
Dieses Buch wurde auf
chlor- und säurefreiem Papier gedruckt.

Originalausgabe 10/2001
Copyright © 2001 by Wilhelm Heyne Verlag GmbH & Co. KG, München
http://www.heyne.de
Printed in Germany 2001
Konzeption und Realisation: Medienagentur Gerald Drews GmbH, Augsburg
Redaktion: Dunja Reulein
Umschlagillustration: ZEFA Visual Media/Peisl
Umschlaggestaltung: Eisele Grafik-Design, München
Satz: Schaber Satz- und Datentechnik, Wels
Druck und Bindung: Ebner Ulm

ISBN 3-453-18879-9

Inhalt

Vorwort

Essstörungen? Gibt es nichts Wichtigeres, worüber du schreiben solltest!?« Dass ich gerade auf einer Grillparty im Kreis von Freunden die Idee für dieses Buch verteidigen musste, war unfreiwillig komisch: Da saßen die dicken Erwachsenen, die herzhaft ins dritte Würstchen bissen und dabei etwas von »Nächste Woche ess ich nur Salat« murmelten, neben den disziplinierten Dünnen, die für sich »Bitte nur das ganz kleine, magere Stückchen« verlangten. Schlechtes Gewissen und heimliche Gier saßen mit am Tisch!

Essstörungen? Das eigene, unnormale Ernährungsverhalten wird meist verdrängt.

Diskussionen um Essstörungen gewinnen schnell an Schärfe: Die Wohlstandskinder können doch froh sein, dass sie jeden Tag satt werden. Wo ist das Problem? Wer dick ist, soll einfach weniger essen. Und die Dünnen müssen halt ein bisschen zulegen! Das ganze Theater ums Essen sei elitär und gemessen an anderen Problemen zu vernachlässigen. Diese Ignoranz – speziell die von Eltern – hat mich geärgert: Gerade diese Verhalten treibt Betroffene in die Isolation und Heimlichtuerei. Essgestörte Kinder und Jugendliche brauchen viel Verständnis, Unterstützung und Liebe!

Wenn über Essen geredet wird, geht es immer auch um Diäten, Schlankheitswahn, Gewicht, Kalorien und Gefühle. Niemand gibt gern zu, dass er Essstörungen hat. Essen ist schließlich das Normalste von der Welt. Wirklich? Essen macht nicht nur den Körper satt! Es beruhigt, befriedigt, entspannt und tröstet. Über das Gefühl der inneren Leere hilft oft nur ein voller Bauch hinweg.

Nach dem Tod einer Freundin sah ich, wie ihre kleine Tochter immer dicker wurde. Das Mädchen hat gegessen, weil sie traurig war. Jahre später reagierte die Tochter eines befreundeten Ehepaares mit Magersucht auf die Trennung der Eltern. Die Hilflosigkeit der Mädchen hat mich in beiden Fällen tief berührt. Sie kompensierten ihre Verzweiflung und ihren Schmerz über Essen beziehungsweise Hungern. Jede hat auf ihre Weise auf Trauer reagiert und dabei das Maß für eine normale Ernährung verloren.

Ich möchte mich bei beiden Mädchen ganz besonders bedanken. Allen Kindern und Jugendlichen, die ich für dieses Buch interviewt habe, danke ich für ihre Offenheit und ihr Vertrauen.

Einleitung

Unsere Kinder essen zu viel, zu wenig oder das Falsche. Sie hocken als Couchpotatoes vor dem Fernseher und bewegen sich allenfalls zur Pommesbude oder zum Kiosk. Oder sie trainieren, bis sie vor Erschöpfung umkippen. Sie sind übergewichtig, empfinden sich als zu dick oder sind zu dünn. Entweder futtern sie sich kugelrund oder machen Diät. Was ist mit unseren Kindern los? Kann denn niemand mehr »normal« essen? Woher kommen Essstörungen bei Kindern und Jugendlichen? Sind unsere Wohlstandskinder unersättlich? Warum verhungern immer mehr Mädchen und junge Frauen vor vollen Schüsseln? Auf all die Fragen gibt es keine Standardantwort.

Dieser Ratgeber will den Teufelskreis »Essen-Hungern-Essen-Hungern« durchbrechen, dem Diätwahn Paroli bieten und Hilfsmöglichkeiten aufzeigen.

»Der Kühlschrank kann nicht weglaufen ...!« So wie die erste große Liebe, die Elsa wegen einer »dürren Torte« verlassen hat. Die erste Reaktion der 14-Jährigen war: »Fressen, fressen, fressen!« Essen entspannt, beruhigt und tröstet. Hinter der Kühlschranktür lagen die Trostpflaster auf vier Etagen verteilt: Unten Cola, in der Mitte Würstchen und Käse, oben Sahnequark und im Gefrierfach Schokoladeneis. Genug Nahrung für die liebeskranke Seele – und für die Pölsterchen. Essen als Ersatzbefriedigung schafft für eine gewisse – leider nur sehr kurze – Zeit Wohlbefinden.

Der Liebeskummer verging, der Kummerspeck blieb! Elsa fühlte sich hässlich und machte einen radikalen Schritt: Sie hielt eisern Diät! Standhaft hungerte sie die Pfunde runter, erntete Bewunderung – und litt bald unter »irrem Heißhunger« auf alles, was sie sich während der Diät nicht erlaubt hatte. Elsa wurde schwach, nahm schnell wieder zu, fühlte sich als Versagerin und drehte sich plötzlich in einem gefährlichen Teufelskreis: »Ich hab im Wechsel gefressen, gehungert, wieder gefressen – und irgendwann fing ich an, nach dem Essen zu kotzen ...!«

Essstörungen bei Kindern und Jugendlichen haben viele Ursachen. Manchmal fangen sie ganz harmlos an: Mit einer Diät! »Schön schlank sein«, ist nun angesagt. Nicht jede Diät endet in einer Essstörung, aber Verzicht begünstigt Gelüste. Der Tanz um die Waage »stört« das normale Ernährungsverhalten. Alles dreht sich nur noch um Essen, Abnehmen und das Körpergewicht. Ein paar Gramm mehr oder weniger entscheiden über gute oder schlechte Laune.

Doch was ist »zu dick«? Die modischen Gewichtsgrenzen sind im Keller. Immer weniger lautet die Devise! Die gute alte Marilyn Monroe ist ein Figurtyp von vorgestern. Das Sexsymbol von einst hätte heute keine Chance auf der Leinwand. War die Monroe »zu dick«?

Ärzte und Ernährungsexperten halten den heutigen Schlankheitswahn für kriminell. Kinder und Jugendliche bekommen permanent ein gefährliches, krankhaftes Ideal vorgegaukelt. Sie sind von Magersüchtigen umgeben: Auf dem Laufsteg, im Film, in der Musikszene, beim Sport und in der Werbung. Wer schlank ist, ist nicht nur schön, sondern gilt auch als stark, erfolgreich und begehrenswert. »Sieger-Typen« *müssen* heute wenig wiegen. Und Kinder sind schnell Sklaven ihrer Idole. Sie wollen

dazugehören, in der Clique anerkannt werden und der Konsum-
gesellschaft durch das Tragen der richtigen Markenkleidung
angehören. Gerade Mädchen konkurrieren untereinander um
das niedrigste Gewicht und die kleinste Kleidergröße. 40 Prozent
aller 12- bis 16-Jährigen empfinden sich als zu dick.

Die schöne Scheinwelt der Schlanken ist nicht allein ausschlaggebend für krankhaftes, süchtiges Essverhalten. Essstörungen bei Kindern und Jugendlichen haben viele unterschiedliche Auslöser: DIE Ursache gibt es ebenso wenig, wie es
DIE Familie gibt, die Essstörungen begünstigt. Dennoch existieren Überschneidungen bei den Ursachen. Es geht nicht um
»Schuld«, trotzdem steht gestörtes Essverhalten von Kindern
und Jugendlichen immer im Zusammenhang mit dem Elternhaus.

Manchmal spielen die ganz banalen Tischsitten in der Familie eine Rolle. Da ist die Mutter, die immer »auf Diät ist«, oder
es wird stets reichlich und »gut« (also viel) gegessen. Kinder imitieren Erwachsene. Eltern sollten ruhig einmal ihr eigenes
Ernährungsverhalten kritisch betrachten.

Nahrung ist kein Erziehungsmittel. Wer über Essen lobt oder
tadelt (»Es gibt nur Eis, wenn du beim Spülen hilfst ...«), kann
Essstörungen auslösen.

Kinder bevorzugen immer das, was sie nicht essen oder trinken sollen (zum Beispiel Cola, Big Mac), rigide Verbote werden
gern gebrochen. Da Nachzügler und Nesthäkchen gern gepäp-
pelt und verhätschelt werden, geht das Hunger-Satt-Gefühl dabei leicht verloren.

Doch in den meisten Fällen haben schwere Essstörungen gra-
vierendere Ursachen. Es ist die Seele, die frisst, kotzt und hungert. Innere Konflikte werden über Essen ausgelebt. Gerade die
lieben, braven und feinfühligen Kinder sind besonders häufig
betroffen. Sie leiden, weil sie einen schweren Verlust durch Tod

oder Trennung von einem Elternteil (zum Beispiel durch Scheidung) erlitten haben. Der Schmerz wird dann mit Nahrung betäubt. Magersüchtige dagegen kreieren – oft unbewusst – mit ihrer Krankheit einen Nebenkriegsschauplatz, um die Familie wieder zusammenzuführen. Sie signalisieren: »Seht, wie schlecht es mir geht! Ihr müsst euch beide um mich kümmern ...«

Unsichere Familiensituationen machen hungrig: Das Kind will ein Gefühl der inneren Leere füllen – und isst übermäßig. Zermürbende Streitereien können regelrecht krank machen. Oft werden Kinder in einen Konflikt einbezogen und von einer der beiden Parteien vereinnahmt. Oder sie leiden unter unausgesprochenen Problemen und den dadurch herrschenden Spannungen. Beides überfordert Kinder, kann Schuldgefühle auslösen (»Ich hab Mama nicht geholfen ...«) und Unsicherheit hervorrufen, auf die wieder mit gestörtem Essverhalten reagiert wird.

Ein offener Umgangston dagegen ist bereinigend. Probleme müssen ausgesprochen und gelöst werden. Wer Kinder ehrlich mit einbezieht, zeigt Vertrauen und signalisiert: Du kannst jederzeit mit uns sprechen – und unser Konflikt hat nichts mit dir zu tun. Unterdrückte Ängste, emotionale Erpressung, Leistungsdruck und verbale wie körperliche Gewalt begünstigen Suchtverhalten.

Kinder können auf zu wenig, aber auch auf zu viel Liebe mit Essstörungen reagieren. Überbehütung kann erdrücken. Kinder wollen es ihren Eltern recht machen und fühlen sich schnell angegriffen und als Versager. Sie glauben, den Ansprüchen nicht zu genügen und stehen bei dem Versuch, ihr Ziel durch Überanpassung zu erreichen, unter enormem Stress. Andere wollen sich eher abgrenzen und einen eigenen Weg finden. Ist die Einheit der Familie oberstes Gebot, kommen oft Schuldgefühle auf, wenn ein Kind andere Ansichten hat und damit das Familiengesetz bricht.

Alle Kinder brauchen Liebe als Nahrung für die Seele, ehrliches Lob, Anerkennung und Beachtung, aber auch Freiräume für eigene Wünsche und Träume. Sie stehen durch den Anspruch, den andere und sie selbst an sich haben, schnell unter Druck.

Häufig müssen Kinder schon früh Verantwortung übernehmen. Sei es für jüngere Geschwister oder Alltagsabläufe im Haus, z. B. wenn beide Eltern berufstätig sind. Geht es dabei nicht lediglich um die Übernahme kleinerer Aufgaben, welche für die normale Entwicklung zur Selbständigkeit wichtig sind, sondern sind die Kinder ständiger Überforderung ausgesetzt, reagieren sie oft mit »Stress-Essen«. Untersuchungen belegen, dass überdurchschnittlich viele dicke Frauen als Kind wie eine Pflege-Mutter für kleinere Geschwister verantwortlich waren. Schon Kinder stopfen sich den Mund voll, statt über sich und ihre Sorgen zu reden.

»Super-Familien« nähren Essstörungen. Bulimie und Magersucht kommen gerade in den besten Familien vor: Alles ist intakt, ideal – Idylle pur! Man legt großen Wert auf das äußere Erscheinungsbild, hat hohe moralische Ansprüche und Werte und beschönigt oder verheimlicht alles, was das saubere Familienbild nach innen und außen stören könnte. Konflikte werden verdrängt, Sorgen verleugnet. Die Kinder in diesen Familien stehen unter großem Erfolgsdruck und sollen und wollen Spitzenleistungen erbringen. Perfektion ist Gesetz, ständige Kontrolle der Weg dorthin. Das Kind ist extrem leistungsorientiert, sehr zielstrebig und hungert nach Anerkennung. Oder es sagt einfach »nein!«, indem es Nahrung verweigert. Hungern macht es scheinbar stark, wirkt konsequent und kontrolliert.

Das »gute« Kind ist fügsam, brav, ehrgeizig und unauffällig. Negative Gefühle werden schon früh verdrängt und eigene

Bedürfnisse unterdrückt. Innere Konflikte werden schließlich über den Körper mit Extrem-Essen ausgetragen. Der Anspruch, den die Kinder an sich selbst haben, ist schon sehr früh sehr hoch. Der Nährboden für eine Essstörung ist bereitet.

Auch ein gestörtes Mutter-Tochter-Verhältnis kann Essstörungen begünstigen. Superfrauen als Mütter sind verdammt anstrengend: Wie soll die Tochter das Vorbild je erreichen? Es gilt, noch mehr Leistung zu erbringen! Schön sein, schlau sein – schlank sein! Vielleicht protestiert das Mädchen auch gegen die Rolle, welche die tolle Mutter vorgibt, indem es einfach dick wird. Oder es versucht, noch schlanker, noch schlauer, noch schöner zu werden. Der gefährliche (oft unbewusste) Konkurrenzkampf zwischen den beiden Frauen kann krank machen. Pingelig und präzise gehen gerade magersüchtige Mädchen vor. Alles muss pünktlich und perfekt erledigt werden. Dies entspricht auch ihrem Umgang mit Nahrung. Sie essen exakt genau so und so viel Gramm, um Körper und Gewicht beherrschen zu können. Jede Störung (zum Beispiel verspätetes Essen) wird als Katastrophe empfunden.

Auch das Gegenteil kann schaden. Statt sich im Konkurrenzkampf aufzureiben, hängen Mutter und Tochter zusammen wie Pech und Schwefel. Zwei ungleiche »Freundinnen« gegen den Rest der Welt. Der Vater ist in diesen Beziehungen häufig kaum vorhanden und spielt als Ernährer eher eine Statistenrolle. Das Mädchen sieht, wie sich die Mutter für die Familie aufopfert, unselbständig und abhängig ist. Es will der Mutter helfen, scheitert oft an dem Anspruch, leidet deshalb unter Schuldgefühlen – und will gleichzeitig nie so werden wie die Mutter. Der Ablöseprozess ist oft mit schlechtem Gewissen und negativen Gefühlen verbunden.

Eine breite Palette von Empfindungen wird mit Essen unterschiedlich beantwortet: Der Versuch, Enttäuschungen, Verletzungen und Einsamkeit einfach runterzuschlucken, scheitert zwangsläufig. Minderwertigkeitsgefühle bis hin zum Selbsthass wachsen. Auch Scham- und Schuldgefühle, die Identitätskrise in der Pubertät, Angst vor dem Abnabelungsprozess von den Eltern, der Abschied von der Kindheit und die gleichzeitige Sehnsucht nach Eigenständigkeit können verwirrende Auslöser für eine Essstörung sein. Die Umbruchphase in der Pubertät fällt häufig mit weiteren Veränderungen zusammen: Das Kind wechselt meist in dieser Zeit die Schule, sammelt erste sexuelle Erfahrungen, hat Probleme mit Freunden. Essen oder Nicht-Essen ist oft das Einzige, was sie eigenständig kontrollieren können. Essen ist wie Sexualität ein Trieb. Indem junge Mädchen Hunger bekämpfen, kämpfen sie unbewusst auch gegen Lustgefühle und eine ungewisse Zukunft als Frau.

Die Flucht ins Essen oder Hungern ist kein Ausweg. Anfangs noch harmlose Ausrutscher (gelegentliche Fressanfälle oder strikte Essensverweigerung) entwickeln plötzlich eine fatale Dynamik und können zur Sucht werden.

Essstörungen bei Kindern und Jugendlichen kann man nicht ernst genug nehmen. Es sind psychosomatische Erkrankungen mit Suchtcharakter, Hilferufe der Seele. Eltern müssen sich oft auf einen langen Heilungsprozess einstellen. Der Begriff »Störung« suggeriert, dass man das gestörte Essverhalten wie einen schlechten Fernsehempfang leicht wieder »einstellen« kann. Das ist nicht der Fall. In Konfliktsituationen verfallen die meisten Patientinnen und Patienten oft noch Jahre später in alte Sucht- und Verhaltensmuster.

Bei aller Fürsorge – hysterische Überreaktionen der Eltern schaden mehr, als sie nützen. Ursachenforschung ist wichtig.

Sind die Wurzeln des Problems erkannt, kann man ihnen die »Nahrung« entziehen und so die Essstörung geduldig, aber wirksam besiegen. Dabei ist oft Hilfe von außen erforderlich. Wenn die Seele wieder frei von Sorgen ist, muss der Körper oft ganz neu essen lernen.

Die 100-Kilo-Kinder:
Die Seele frisst

Sie sind erst zwölf Jahre alt und wiegen schon 100 Kilo! Dicke Kinder werden gehänselt, verspottet, verletzt – es ist sogar schon vorgekommen, dass sie unverhohlen von Klassenkameraden zum Selbstmord aufgefordert wurden (»Nimm dir einen Strick, du fette Sau ...«). Dicke Kinder sind in den meisten Fällen auch unglückliche Kinder. Sie futtern Süßes, Saures und Salziges im Wechsel – bis sie nicht mehr können! Es ist kein Vorurteil, sondern Realität: Dicke Kinder haben oft auch dicke Eltern. Das ist bei etwa 80 Prozent der übergewichtigen Kinder der Fall und hat nicht unbedingt, wie gerne entschuldigend behauptet wird, nur mit den Genen zu tun (»Es liegt bei uns halt in der Familie ...«), sondern vor allem mit dem Essverhalten in den Familien. Professor Volker Pudel, Ernährungswissenschaftler der Universität Göttingen, spricht von »sozialer Vererbbarkeit«.

Doch auch er bestreitet nicht, was amerikanische Wissenschaftler Anfang 1998 auf einer Fachtagung der Amerikanischen Gesellschaft zur Förderung der Wissenschaft (AAAS) in Philadelphia verkündeten: Nahrung wird von Menschen unterschiedlich verarbeitet. Das sei genetisch bedingt. Der Forscher Claude Bouchard hatte an der Universität Laval in Quebec über viele Jahre Untersuchungen durchgeführt. Sein Fazit: »Wenn eine große Gruppe von Menschen dieselbe fettreduzierte Kost isst, ergeben sich dennoch große Variationen im Cholesterin-Spiegel.« Denn der Auf- und Abbau geschieht über Enzyme, die nicht bei allen Menschen gleich sind. Seine Schlussfolgerung: Nahrung wird unterschiedlich verarbeitet – die einen werden schneller dick als andere. Britische Wissenschaftler wollen sogar ein Dickmacher-Gen entdeckt haben: Es ist für den Bau des Hormons Leptin zuständig, welches den Appetit zügelt. Ist das Gen defekt, fehlt Leptin und der Mensch hat ständig Hunger. Also doch die Gene?

Trotzdem: Die meisten Pfunde werden nicht wie blaue Augen vererbt, sie werden angefuttert. Darauf können sich alle Wissenschaftler einigen. Beim Dickwerden spielen unbestritten psychische Faktoren und die Erziehung die wesentliche Rolle. Ernährungswissenschaftler und Kinderpsychologen haben längst nachgewiesen, dass gesunde Kinder einen angeborenen Hunger-Sättigungs-Mechanismus besitzen, den sie jedoch auf unterschiedlichste Art und Weise verlieren können. Zum Beispiel durch Drill bei Tisch (»Du bist erst satt, wenn der Teller leer ist ...«). Angst vor Bestrafungen und Strenge können Essstörungen auslösen, zu Verweigerungs- und Protestreaktionen führen oder ein stilles Erdulden hervorrufen.

Vielen dicken Kindern kommt das Gefühl für Hunger und Sattsein allerdings schon als Baby abhanden. Es gibt Eltern, die aus Unwissenheit immer sofort zum Fläschchen greifen, wenn der Säugling weint. So bildet sich schon beim Baby folgendes Denkmuster heraus: Wenn es mir schlecht geht, weil ich mich in meinem Bettchen einsam fühle, nass bin oder einfach nur gestreichelt werden will, bekomme ich immer was zu essen. Ganz verschiedene Bedürfnisse, wie zum Beispiel nach Zärtlichkeit, Wärme oder Helligkeit, und Gefühle wie Unwohlsein, Angst oder Langeweile werden immer auf dieselbe Art und Weise beantwortet: Mit Nahrung! Der süße Brei aus der Flasche tröstet den Säugling in allen Lebens- und Gefühlslagen. Später reagieren Erwachsene weiter nach diesem schon als Säugling erlernten Muster: Sie essen, wenn »irgendetwas« nicht stimmt. Es ist zum Ersatz für den nie gelernten Umgang mit Gefühlen geworden.

Säuglinge sind dem Fläschchen »ausgeliefert«. Sie können ihre Bedürfnisse nur auf Babyart und in der Babysprache artikulieren und sind darauf angewiesen, dass die Eltern ihre Zeichen richtig deuten, sie wickeln, trösten oder schaukeln – und nicht immer gleich zum Fläschchen greifen. Hat Essen in der Familie immer eine große Rolle gespielt, werden die anderen Bedürfnisse des Säuglings sehr leicht unterschätzt.

Die Angst, dass Kinder zu wenig essen, ist weit verbreitet. Gerade wenn der Nachwuchs im Wachstum ist, meinen viele Eltern, sie müssten unablässig Nahrung verabreichen. Schlechte Esser fühlen sich durch den Druck der Eltern oft auch als schlechte Kinder (»Mami hat sich beim Kochen so viel Mühe gegeben ...«). Sie versuchen, den Ansprüchen der Eltern mit leer gegessenen Tellern zu genügen. Viel essen wird zur Leistung, für die es Anerkennung (beziehungsweise wieder Nahrungsmittel wie Süßigkeiten) gibt.

Wie oft hören Kinder auch heute noch den Satz: »Das hast du aber gut gemacht«, wenn sie viel gegessen haben. Lob, Tadel und vor allem Trost dürfen nicht mit Ernährung in Verbindung gebracht werden. Gerade mit Trosthäppchen erziehen Eltern dicke, unglückliche Kinder.

Auch Erwachsene essen oft, weil sie nicht mit Emotionen umgehen können. Sie haben es schon als Kind von ihren Eltern so gelernt: Wenn irgendein Problem aufkam, hieß es »Nun iss erst mal was ...«

Mit Essen werden alle möglichen negativen Gefühle überdeckt. Menschen schlucken ihren Kummer, Konflikte und die großen und kleine Katastrophen des Alltags einfach mit Essen (oder Alkohol) herunter. Maßlosigkeit hat viele Motive: Liebesersatz, Suche nach Entspannung, Trauerarbeit und Einsamkeit. Aber auch Überforderung, Unsicherheit und Wut werden »weggegessen«. Essen kann wie Drogen-, Alkohol- oder Medikamentensucht ein Ausweichverhalten sein, eine Art Ersatzlösung für nicht wahrgenommene Gefühle und Bedürfnisse (wie zum Beispiel nach Liebe). In unserer Gesellschaft wird häufig durch Nahrung kompensiert. Wir »betäuben« uns damit. Dieses Verhalten wird Kindern von Erwachsenen vorgelebt: Sie imitieren ihre Eltern und fangen ebenfalls an zu futtern – nicht weil es schmeckt, sondern weil ihnen ein Freund fehlt, weil sie sich in der Schule ärgern, Kummer haben oder in der Freizeit nicht ausgefüllt sind.

Wenn die Seele hungert, wird gegessen, um das Gefühl der Leere zu füllen. Doch ein voller Bauch »erfüllt« nicht, er macht fett. Die Folgen sind fatal: Wer sich durch Lebensmittel Befriedigung verschaffen will, landet schnell in einer Frustspirale: Essen befriedigt nur kurzzeitig. Dann muss wieder gegessen und die Dosis erhöht werden. Durch Übergewicht wird der Frust noch größer und es wird wieder – noch mehr – gegessen.

Die Sucht bekommt eine Eigendynamik und gerät irgendwann völlig außer Kontrolle. Therapeuten wissen, dass dicke Kinder ihren gestörten Umgang mit Essen (sei es das wahllose Verschlingen von riesigen Mengen oder die totale Verweigerung) sehr bewusst als suchtartig erleben und sich ihrem Ernährungsverhalten hilflos ausgeliefert fühlen. Der Weg aus der Esssucht ist noch aus einem anderen Grund schwierig: Denn Menschen »müssen« essen, um zu leben! Ein Alkoholiker kann auf sein Suchtmittel gänzlich verzichten, das können Dicke nicht. Sie müssen ein normales Maß finden und das fällt Kindern besonders schwer.

Gleichzeitig stehen sie unter enormem Leistungsdruck: Zum einen, weil sie ständig abnehmen wollen, aber auch, weil sie permanent versuchen, ihr Dicksein durch andere Vorzüge auszugleichen. Sie geben den Klassenclown ab, sind großzügig gegenüber Altersgenossen (indem sie andere Kinder beschenken) oder sind extrem angepasst. Sie wollen »gefallen« und tun deshalb anderen ständig »Gefallen«. Der Wunsch, von anderen geliebt und anerkannt zu werden, führt manchmal sogar zur Selbstausbeutung: Dicke Kinder lassen sich leicht ausnutzen (sie machen für Schulkameraden zum Beispiel die Hausaufgaben), wollen Kumpel sein. Trotz allem erfahren sie Ablehnung. Auch den Eltern gegenüber sind sie eher geduldig bis devot, still und zurückhaltend. Dieser emotionale Stress führt dann zu noch mehr Futtern.

Starker emotionaler Druck in der Familie kann bei Kindern zu zwanghaftem Essen führen. Das hat eine Untersuchung von Professor David Skuse vom Institut of Child Health in London ergeben. Eltern dicker Kinder müssen sich die Frage beantworten: Wofür braucht die Seele meines Kindes so viel Nahrung? Leidet es unter den ewigen Streitigkeiten in der Familie? Fehlt ihm Abwechslung, hat es Probleme mit seiner Sexualität in der Pubertät oder gibt es Dinge, vor denen sich mein Kind fürchtet (Gewalt in der Schule zum Beispiel)?

Im schlimmsten Falle führt sexueller Missbrauch zu Übergewicht: Speziell Mädchen versuchen instinktiv, sich durch einen »unansehnlichen« Körper unattraktiv zu machen. Sie möchten sich verstecken und suchen Schutz in ihrer Fetthülle.

Manchmal ist Übergewicht auch der Versuch, sich gegen die schlanke, attraktive Mutter zu wehren, die Essen und Diäten zum Dauerthema macht und damit ihre Tochter unter Erfolgsdruck setzt. Das Phänomen, dass Heranwachsende irgendwann genau das Gegenteil von dem tun, was die Eltern wollen – einfach um sich abzugrenzen – ist in der Kinderpsychologie längst bekannt.

Andere Kinder werden dick, weil für ihre Eltern Essen verabreichen mit Liebe gleichgesetzt wird. So haben diese es schon von ihren Eltern gelernt. Wie heißt es so schön? Liebe geht durch den Magen! Und irgendwann verlieren auch diese Kinder das Gespür für Hunger, sie kennen kein Sättigungsgefühl mehr.

Wen mag es bei all den Essproblemen in Familien da noch wundern, dass Übergewicht bei Sechs- bis 14-Jährigen längst keine Ausnahmeerscheinung, sondern eine statistische Größe geworden ist: Von den über 7,3 Millionen Mädchen und Jungen in diesem Alter sind mehr als 30 Prozent übergewichtig (20 Prozent sind sogar fettsüchtig). Nach einer Studie, die von den deutschen Krankenkassen in Auftrag gegeben wurde, ist bereits jedes dritte Grundschulkind übergewichtig. Davon werden 70 Prozent das Problem ein Leben lang mit sich herumtragen. Auch das ist kein Vorurteil, sondern wissenschaftlich erwiesen: Aus dicken Kindern werden leider auch dicke Erwachsene. Als übergewichtig gilt, wer 20 Prozent über dem Normalgewicht liegt. Normal sind bei einem siebenjährigen Schulkind mit einer Körpergröße von 122 Zentimetern im Durchschnitt etwa 23 Kilo.

Für Übergewicht gibt es viele Ausreden: »Es liegt an den Drüsen«, zum Beispiel. Die Zahl drüsenkranker übergewichtiger Kinder ist jedoch verschwindend gering, generell hat Übergewicht nur in einem von 20 Fällen körperliche Ursachen.

»Wenn ich einen schlechten Tag hatte, aß ich ohne Pause«, sagt ein 14-jähriges Mädchen (156 Zentimeter groß). Sie wog bereits 78 Kilo und musste einen Orthopäden konsultieren, weil ihre Gelenke schmerzten.

In den folgenden Kapiteln schildern dicke Kinder nicht nur ihr körperliches Leid. In Gesprächen mit ihnen und ihren Eltern wird deutlich, warum diese Kinder zu »Fressern« geworden sind. Betroffene Kinder berichten über die seelischen Qualen, die sie wegen ihres Übergewichtes durchlebt haben und noch ertragen müssen. Ernährungswissenschaftler wissen es längst: Dicksein ist ein Hilfeschrei, der von den Eltern nicht überhört werden darf!

Es soll keinesfalls der Eindruck erweckt werden, dass speziell Scheidungskinder, Kinder allein erziehender Mütter oder Kinder einer bestimmten Gesellschaftsschicht unter Essstörungen leiden. Falsches Ernährungsverhalten kommt in den besten (!) Familien vor und kann viele Gründe haben. Überbehütung und abgöttische Liebe können genauso eine Rolle spielen wie sexueller Missbrauch und Misshandlung. Es gibt glückliche, gesund ernährte Scheidungskinder ohne Gewichtsprobleme und unglückliche dicke Kinder in intakten Familien. Die Ursachen für Essstörungen lassen sich nicht verallgemeinern. Jedes dicke Kind hat sein ganz persönliches Schicksal. Nur eins steht fest: Es ist meistens die Seele, die »fressen« muss – nicht der Körper ...

Felix (12): Nur wenn ich esse, merke ich, dass ich lebe

Ein Kind von 160 Zentimetern Größe wiegt zwischen 41 und 55 Kilo. Alles, was darunter oder darüber liegt, ist nicht gesund.

Felix wiegt bei einer Größe von 162 Zentimetern 85 Kilo.

»Ich hasse meinen Körper«, sagt er leise. »Und alle hassen mich, weil ich so fett bin!« Seine Klassenkameraden haben ihm den Spitznamen »Qualle« gegeben. »Einige wissen gar nicht, dass ich Felix heiße«, sagt er resigniert. »Ich bin die Qualle. Fertig!« Sogar der Sportlehrer nennt ihn so! »Beweg den Arsch,

Qualle«, hat er neulich beim Volleyball gerufen. Felix hat sich fürchterlich geschämt und beim Laufen »ganz deutlich gespürt, wie alles wabbelt. Wie bei einer Qualle eben.« Er hasst den Sportunterricht.

Felix ist die »Witzfigur« in der Klasse. Seine Schulkameraden spotten: »Wenn du im Sommer am Strand liegst, kommt Greenpeace und zieht dich ins Wasser. Die denken, ein Wal ist gestrandet ...« Manchmal heißt Felix jetzt auch »Wal-Qualle«.

Der Schulweg ist für ihn ein täglicher Spießrutenlauf. Felix wird beschimpft und sogar verprügelt. An der Straßenecke warten sie schon: »Jetzt wird die fette Sau geschlachtet«, grölen alle im Chor. Dann zieht Felix den Kopf ein und lässt alles über sich ergehen. Er kann sich nicht wehren und er hat keine Freunde, die ihn verteidigen würden. Für die Angreifer bringt er bei all dem Elend obendrein noch Verständnis auf: »Ich bin wirklich verdammt hässlich«, sagt er resigniert. »Ich würde mich ja auch nicht mit so einer fetten Wal-Qualle sehen lassen, wenn ich die Wahl hätte. Ich komme beim Sport nicht von der Stelle. Und weil ich dick bin, halten mich alle auch für doof ...«

Gewalt gegen seine Person ist ihm überaus vertraut. Sein Vater redet nicht lange um den heißen Brei – er schlägt zu.

Nach der Schule reagiert Felix seinen Frust ab, indem er Unmengen isst. Der Mann am Kiosk kennt ihn schon. Hier deckt sich der Junge täglich mit Schoko-Riegeln, Chips und Salzlakritz ein, wofür er sein ganzes Taschengeld ausgibt. Damit ist er in seiner Altersklasse keine Ausnahme: Das Münchner Institut für Jugendforschung hat errechnet, dass Sieben- bis 15-Jährige im Jahr rund fünf Milliarden Mark an Taschengeld ausgeben dürfen – davon kaufen sie für zwei Drittel des Geldes Süßigkeiten. »Ich bin der beste Kunde am Kiosk«, meint Felix traurig.

Kaum zu Hause angekommen, belegt Felix eine Tiefkühlpizza mit Extra-Salami und fettem Käse, bevor er sie in den Ofen schiebt. So eine Pizza braucht 20 Minuten, bis sie schön braun ist. In der Zwischenzeit haut sich Felix Eier in die Pfanne und verdrückt Fleischwurst. »Ich hasse die Fressanfälle«, sagt er ruhig. Wenn er alles verdrückt hat, spannt sich sein Bauch wie ein »dicker Sack« und ihm ist schlecht. Aber das Einzige, was ihm nach solchen Schulstunden über seine Verzweiflung hinweg hilft, ist essen. Felix hat einen großen Feind im Haus, mit dem er oft allein ist: Es ist der prall gefüllte Kühlschrank! »Aber ich muss essen«, meint er. »Nur wenn ich esse, fühle ich noch was. Nur dann merke ich, dass ich lebe ...«

Sogar nachts überfallen ihn die Fressanfälle. »Ich werde wach und bin einfach traurig«, sagt er. In seinem Zimmer hat Felix jede Menge Süßes gehortet. »Erst wenn ich vier, fünf Riegel in mich rein geschoben habe, kann ich wieder einschlafen.«

Seine Mutter muss arbeiten, seit der Vater seinen Job als Lagerist in einem sanitären Großhandel verlor. Der Betrieb hat den 45-Jährigen wegrationalisiert. Als Alkoholiker stand der Mann mit zwei Abmahnungen schon lange auf der Liste. Das ist jetzt vier Jahre her.

Bevor die Frau mittags das Haus verlässt, mahnt sie Felix: »Friss nicht wieder so viel!« Sie ahnt, wie sehr der Junge unter seinem Übergewicht leidet, aber beide reden nicht darüber. In der Familie wird generell nicht viel geredet – man schweigt oder schreit!

Felix hat nicht gelernt, für seine Empfindungen auch Worte zu finden. Außerdem will er seine Mutter nicht zusätzlich belasten und sie will dem Jungen nicht wehtun. Paradoxerweise bringt die Versicherungsvertreterin Süßigkeiten mit, wenn sie abends spät von Kundengesprächen nach Hause kommt. »Wenn ich schon wenig Zeit habe, soll der Junge wenigstens was haben ...!«

Sie hat ihrem Kind gegenüber ständig Schuldgefühle: Sie hat zu wenig Zeit für das Nesthäkchen, die Familie hat wenig Geld und der Vater traktiert Felix mit seinen Ausbrüchen, wenn er wieder betrunken ist. Der Junge leidet unter der Unberechenbarkeit des Mannes – und die Frau leidet, weil sie nicht in der Lage ist, ihr Kind vor dem Vater zu schützen. Alle schweigen, wenn der Vater aus nichtigen Gründen wieder einmal zuschlägt oder den »Fettsack« malträtiert.

Meist kommt es bei Tisch zu diesen unschönen Auseinandersetzungen, die gemeinsamen Mahlzeiten sind für den Mann zur Bühne für das Ausleben seiner Aggressionen geworden. Alles entzündet sich am Essen, das für den Vater deftig, fett und vor allem reichlich sein muss. Fleisch und Würste gehören täglich auf den Tisch, Gemüse ist »Schlabberkram«. Viel Essen ist Leistung: »Iss, iss noch mehr! Nimm, nimm mehr!« Alle müssen alles essen, und alle müssen viel essen.

Hier kann Felix dem Vater beweisen, dass er etwas leisten kann. »Meiner (Felix also) verdrückt zehn Reibekuchen«, hat er einmal in der Kneipe stolz verkündet und seinem Sohn dabei anerkennend auf die Schulter geklopft. So widersinnig es klingt: Einmal ist Felix »der Fettsack«, dann wird er fürs Essen gelobt.

Doch im Allgemeinen gibt es auch bei Tisch wenig Lob – dafür viel Ärger. Zum Beispiel dann, wenn Felix seine Essensleistung nicht erbringen kann, weil es Leber gibt. Felix ekelt sich vor Leber. Weil der Vater Leber mag, kommt sie zweimal in der Woche auf den Tisch. Mit der Bemerkung »Leber ist gesund« zwingt er seinen Sohn, gleich mehrere Stücke zu essen. Wenn Felix sich weigert, brüllt er: »Hier wird gegessen, was auf den Tisch kommt!« und gibt dem Jungen noch eine Extraportion. »Iss! Du isst jetzt den Teller leer«, befiehlt er. Felix gehorcht still und schlingt mit Widerwillen die Leber herunter, denn er hat Angst. Es ist schon vorgekommen, dass er rohe Leber essen musste, weil der Vater aus ihm »einen harten Kerl« machen wollte.

Der Mann erniedrigt bei Tisch nicht nur den Sohn, er beschimpft auch seine Frau. Sie sei eine schlechte Köchin, die alles anbrennen lässt.

Am liebsten würde die Frau die Scheidung einreichen, aber sie fürchtet den Absprung. Sie hat Angst vor den Gewaltausbrüchen ihres Mannes, weiß nicht, wohin sie nach dem Auszug gehen und womit sie ihren Lebensunterhalt verdienen könnte. Die wenigen getätigten Versicherungsabschlüsse reichen nicht als Auskommen. Außerdem ist ihre älteste Tochter noch in der Ausbildung.

Der zweitälteste Sohn entfremdet sich der Familie mehr und mehr und verbringt die meiste Zeit mit seiner Jugendclique. All die vielen Probleme vertraut die Frau »ihrem« Felix wie einem erwachsenen Freund an. Er ist zu ihrer einzigen Bezugsperson geworden. Der Junge ist damit zwar überfordert, hört seiner Mutter aber jeden Abend sprachlos und geduldig zu und frisst den Kummer in sich hinein.

Felix vermisst Geborgenheit und Sicherheit in der Familie. Ihm fehlt auch die Liebe und Anerkennung des Vaters, den er früher immer sehr bewundert hat. Aber jetzt hält er zu seiner Mutter. Manchmal sagt sie: »Wir beide müssen zusammenhalten, Junge.« Solche Sätze treffen ins Herz! Ihre Einsamkeit ist dem Jungen ein sehr vertrautes Gefühl und er hat Mitleid, denn auch er ist einsam.

Nach der Arbeit ist die Frau müde. Zudem leidet sie unter Existenzängsten, die sie auch vor Felix nicht verheimlicht. Dann steht plötzlich der Satz im Raum: »Ich weiß nicht, wie lange wir beide uns die teure Wohnung noch leisten können ...?« Halb scherzhaft fügt sie hinzu: »Dein Vater säuft und du frisst uns noch die Haare vom Kopf ...«

Felix ist der Situation völlig ausgeliefert. Auch er hat Angst vor der Zukunft. Nachts hört er oft, wie die Eltern streiten, über

Geld, Sex und die Kinder. Im Alkoholrausch schlägt der Mann seine Frau immer häufiger. Manchmal steht Felix dann auf und geht eher unentschlossen dazwischen, um seine Mutter zu verteidigen. Er bettelt, der Vater möge doch aufhören und erntet Spott und Prügel: »Komm her, du Fettsack, wenn du dich schlagen willst ...« Dann erträgt er die Schläge des Vaters, lässt alles über sich ergehen und spürt nur noch Hass!

Er wäre so gern »der Mann im Haus«, würde der Mutter am liebsten helfen, den »Alten einfach rausschmeißen« und fühlt sich allem machtlos ausgeliefert. Immer häufiger nimmt die Mutter Beruhigungstabletten. Felix' Beruhigungsmittel kommt aus der Chipstüte ...

Im Fernsehen sind die »Helden« ganz anders drauf. Mit einem großen Vorrat an Süßigkeiten flieht der Junge jeden Tag aus der Realität und sitzt vor der Flimmerkiste. Da tobt das Leben auf allen Kanälen: In den Nachmittagssendungen sieht er die kleinen Darsteller. Ihr Leben ist spannend: Sie lösen Kriminalfälle, haben tolle schlanke Freundinnen und machen alle Feinde einfach platt. Und dann erst die Fernseh-Familien: Sie sind reich, leben in schönen, großen Häusern und fahren dicke Autos. In Zeichentrickfilmen (es gibt im deutschen Fernsehen über 80 verschiedene Comicserien) werden böse Außerirdische mit Laserpistolen besiegt, Löwen gerettet und Könige befreit. Das Kinderleben in der Glotze ist spannend! Die Kleinen aus Fleisch und Blut, die vor dem Gerät sitzen, werden mit Abenteuern und vorgelebten Aktivitäten überschüttet. Sie dürfen jedoch nicht »mitspielen«, sondern sind zum Konsum verurteilt. Die Reizschwelle, der Punkt also, an dem überhaupt noch Aufmerksamkeit erzielt wird, wird immer höher. Interesse und Befriedigung setzten immer später ein. Was kann das wirkliche Leben, das Spiel draußen mit den Nachbarskindern, da noch bieten? Der Fernsehsessel ist längst zum Ersatzspielplatz geworden. Auf die Reizüberflutung folgt bei Felix immer Frust und eine neue Fresswelle, weil im wirklichen Leben alles so »uncool, so langweilig ist ...«

Dabei würde er so gern mit dem Vater am Wochenende auf den Bolzplatz gehen, um wie früher Fußball zu spielen. Seine Reaktion auf die empfundene Ablehnung, auf das Klima der Gewalt ist Essen: Felix spült Trauer, Angst und Enttäuschung mit Cola, Chips und Cremetörtchen herunter. Auf die Aufforderung seines Vaters »Friss, bis du platzt, Fettsack«, konnte Felix wieder nur mit übermäßigem Essen reagieren. Dann stellte er sich vor, wie es wäre, wenn er tot sei. Wie der Vater dann weinend an seinem Sarg stünde und bedauerte, wie schlecht er den Jungen behandelt hatte ...

Auch der ältere Bruder nimmt Felix längst nicht mehr wahr. Wenn er mal zu Hause ist, sagt er nur: »Na, Dicker – alles okay?« Die Schwester hat einen Freund und mag sich mit dem kleinen Bruder nicht mehr abgeben: »Wie du aussiehst, da kann man mit dir ja nirgendwo mehr hingehen ...«

Nur manchmal, wenn der Vater einmal »trocken« ist, ist alles wie früher. Er sagt, dass er sich Arbeit suchen wird und die ganze Familie dann in Urlaub fährt. Dann erlaubt sich Felix kurzfristig die Hoffnung, »dass wir wieder eine richtige Familie werden«. Doch diese Phasen sind nur kurz. Oft kommt der Mann schon betrunken vom Arbeitsamt zurück und murmelt etwas wie »unvermittelbar« und »altes Eisen«.

Darauf fällt Felix wieder in ein emotionales Loch und sagt sich verzweifelt, »der Alte soll doch einfach wegbleiben«. Im Stillen hofft er, der Vater fällt eines Tages tot um, was wieder zu Schuldgefühlen führt, da er fürchtet, dass sich sein Wunsch eines Tages erfüllt.

In seinem Kopf spukt außerdem herum, dass ihn der Vater nicht richtig liebt (würde er sonst die Familie so vernachlässigen?) und ihn sogar verachtet, weil er so dick ist und »nicht so gut Fußball spielen kann wie andere Jungen«. Er glaubt, den Vater ständig zu enttäuschen. An solchen Tagen hat er große Sehnsucht nach ihm und will sich einfach nur anlehnen. Dann schließt sich Felix stundenlang in seinem Zimmer ein, dreht den CD-Player auf und frisst.

Die Mutter reagiert auf ihre Weise: Das Bedürfnis, zu lieben und geliebt zu werden, konzentriert sie voll und ganz auf Felix. Längst hat sie das Kind zu ihrem Partnerersatz gemacht. Sie lässt ihren Gefühlen gegenüber Felix freien Lauf und erzählt ihm alles, was sie bedrückt. Sie weint hemmungslos und will kurz darauf seine Meinung hören. Sie spürt, dass sie das Kind mit ihren Gefühlsschwankungen überfordert, aber Felix ist ihr Ventil.

Sie will alles »gut machen«, ihm »alles geben« – und gibt ihm wieder vor allem Süßes.

Essen ist auch für sie zur Ersatzbefriedigung geworden. Wenn ihr Mann wieder volltrunken auf der Couch eingeschlafen ist, ruft sie den Pizzaservice und stopft wahllos alles in sich hinein. »Wenn ich nicht fressen würde, würde ich saufen«, gestand sie einer Freundin. Der Kühlschrank ist immer gut gefüllt: Fertiggerichte und Eiscreme, Steaks und Fisch in Sahnesoße. Chips und salzige Erdnüsse stehen im Wohnzimmer neben einem Schälchen mit Pralinen und Schokolade.

Die Verbindung von Essen und Trost hat Felix früh geprägt. »Ich war schon als Kind immer dick«, erinnert er sich. Auch seine Mutter legte kräftig zu: Sie hat sich in den letzten Monaten ebenfalls einen Fettpanzer angefressen. Unbewusst wollte sie sich vor den sexuellen Übergriffen ihres betrunkenen Mannes schützen. Sie hatte nur ihren unattraktiven Körper als Abwehr, weder verbal noch körperlich war sie ihrem Mann sonst gewachsen. Diese nächtlichen Attacken blieben Felix, der gleich nebenan schlief, nicht verborgen.

Hörte er die Mutter weinen, ging er an seine Vorräte und stopfte sich mit allem, was er gehortet hatte, besinnungslos voll.

Es musste etwas geschehen! Doch erst als Felix blutig geprügelt von der Schule heimkam und sagte: »Ich wäre am liebsten tot«, wandte sich die Frau an einen Kinderarzt. »Die Wunden heilen schnell«, meinte der Arzt. »Trotzdem ist es höchste Zeit, dass Sie gekommen sind. Seine Seele ist verletzt. Felix muss mal raus aus der Familie.« Das Muster – Kekse gegen Kummer – war bei Felix zum Selbstläufer geworden und nicht einfach durch eine Diät in den Griff zu kriegen. Essen hatte bei Felix nicht nur viele Funktionen übernommen, es war auch zum Ausdruck einer massiven Aggression gegen sich selbst geworden. Unbewusst beging das Kind Selbstmord mit Messer und Gabel. Das Herunterschlucken von Problemen und die Tendenz zur Selbstzerstörung sind vom Alter völlig unabhängig.

»Felix ist nicht mehr satt zu kriegen«, hatte die Mutter dem Kinderarzt gesagt. Sie ahnte nicht, dass sich ihr Sohn mit Essen betäubte. Sein Ernährungsverhalten war völlig aus dem Ruder gelaufen. Der Arzt riet von Radikalkuren und Diäten energisch ab. »Ihr Sohn braucht professionelle therapeutische Hilfe.« Schließlich beantragte er für Felix eine Kinderkur (die Kosten trägt die Krankenkasse).

In der Kurklinik hatte der Junge das erste Mal das Gefühl, »nicht allein zu sein«. Abnehmen läuft hier über den Kopf, nicht über den Magen. Natürlich essen Kinder in Kurkliniken weniger (knapp 1000 Kalorien auf vier Mahlzeiten verteilt), aber viel wichtiger als eine reduzierte Kalorienaufnahme ist das Gespräch mit den Therapeuten. Die Kinder werden aus ihrer Isolation herausgeholt, sie reden mit den Therapeuten und anderen betroffenen Kindern über ihre Probleme.

Felix konnte zum ersten Mal offen seine Wut über den Vater und die Feigheit der Mutter aussprechen, plötzlich fand er Worte für sein Leid. Er weinte hemmungslos und wurde von der Gruppe in den Arm genommen und getröstet, was seiner verletzten Seele gut tat. Er erfuhr die Solidarität der anderen Kinder, die oft ähnliche Erfahrungen in ihren Familien gemacht hatten und diese auch mit Essen kompensieren. Felix begriff, dass er keine Schuldgefühle wegen seiner Wut und all dem Hass haben musste. Er sah seine Situation in der Familie plötzlich viel klarer und lernte, dass er mit Verzweiflung, Angst, Wut und Enttäuschung künftig anders umgehen muss. Er verstand, dass zu viel Essen für ihn kein Ausweg, sondern eine Sackgasse war. Komischerweise verspürte er in der Gemeinschaft auch keinen übergroßen Appetit mehr.

Ganz nebenbei lernte der Junge kochen. »Ich weiß jetzt, warum Würste fett machen – weil sie fett sind«, sagt er stolz. Er hat entdeckt, dass er Salat mag und sogar Gemüse sehr lecker sein kann. Außerdem hat Felix abgenommen: Zwölf Kilo in sechs Wochen. Er geht jetzt gern schwimmen und verbrennt eifrig Kalorien beim Rad fahren. »Ein 1000er BMW verbraucht mit 180 Sachen auch mehr Sprit als ein Mofa«, meint er. »Logisch, ich hab zu viel getankt und mich nicht bewegt ...!«

Vor der Rückkehr in die Familie fürchtete sich Felix. »Leider sind manche Eltern für ihre Kinder keine große Hilfe«, sagt ein Therapeut der Klinik. »Sie brauchen selbst Hilfe. Aber wir können die Familienverhältnisse nicht ändern. Wir können nur versuchen, die Kinder zu stärken.« Mit Abnehmen allein sei es nicht getan: Die jahrelangen Verletzungen aus der Kindheit lassen sich in vier bis sechs Wochen Kur nicht reparieren. Er riet Felix, nach der Kur mit seinen Problemen nicht allein zu bleiben und empfahl dem Jungen eine Selbsthilfegruppe ganz in der Nähe.

Zu Hause hatte sich inzwischen nicht viel geändert. Der Vater versprach zwar, eine Entziehungskur zu machen, zögerte jedoch gleichzeitig das Gespräch mit dem Arzt und Termin-absprachen hinaus. Die Mutter redet immer häufiger offen über die Scheidung, aber sie will ihrem Mann »noch eine Chance geben«.

Felix weiß, dass er eine schwere Zeit vor sich hat. Aber dies-mal ist er entschlossen, zu kämpfen.

Andrea (11): Ich dachte, ich bin eine Prinzessin

Andrea (11) wiegt bei einer Größe von nur 152 Zentimetern 91 Kilo: Für ihre Mutter hieß Andrea jahrelang nur »mein Prin-zesschen«. Bis Andrea eingeschult wurde, glaubte sie tatsäch-lich, eine kleine Prinzessin zu sein ...

Als Kleinkind bekam sie Glitzerschmuck mit vielen bunten Strass-Steinchen und Lackschuhe geschenkt. Von einer Dienstrei-se aus Spanien hatte ihr die Mutter ein Flamenco-Kleid mit bun-ten Volants mitgebracht. »Es ging bis auf den Boden. Darin hab ich mich allein vor dem großen Spiegel im Schlafzimmer gedreht und getanzt«, erinnert sich Andrea. »Ich fühlte mich wirklich wie eine kleine, einsame Prinzessin in einem Märchenschloss ...«

Die Mutter las Andrea alle Wünsche von den Augen ab und projizierte dabei ihre eigenen Träume auf das Mädchen. Die Kleine schlief in einem Himmelbett, bekam ein kleines Hünd-chen und durfte am Wochenende zum Pony reiten aufs Land. Nur Freundinnen einladen durfte Andrea nicht (»Die sind doch alle nichts für dich, mein Herz ...«), und vor allem durfte sie nicht erwachsen werden!

Andrea lebte in einer überbehüteten, aber gleichzeitig emo-tional armen Scheinwelt. Bis zu ihrem ersten Schultag wurde von dem Mädchen »all das Unangenehme da draußen« fern gehalten.

Ihre Mutter, erfolgreiche Art-Direktorin einer großen Werbeagentur, hatte aus Karrieregründen jahrelang auf ein Kind verzichtet. »Bei mir geht alles nach Plan«, sagt sie immer. Als ihre »biologische Uhr ablief«, hatte die Frau mit Anfang 40 ein Kind »eingeplant«. Sie setzte sich und ihren langjährigen Lebensgefährten mit der Sehnsucht nach dem Wunschkind ungewollt extrem unter Druck. Die Schwangerschaft ließ auf sich warten (»Es klappte nicht wie geplant«). Erst nach über zwei Jahren kam Andrea, »der Sonnenschein« ihres Lebens, endlich zur Welt. Die Beziehung zu ihrem Partner, den sie heute nur noch als »Erzeuger« tituliert, ging während der Schwangerschaft in die Brüche. Die Frau reagierte auf ihre Weise: Das Bedürfnis, zu lieben und geliebt zu werden, konzentrierte sie fortan auf Andrea.

Nach Andreas Geburt reduzierte die Frau »freiwillig«, wie sie gern betont, ihre Arbeitszeit auf ein Minimum. Sie konzentrierte sich voll auf das Baby, trotzdem blieben ihre Gefühle ambivalent: Sie wollte zwar für Andrea da sein, »opferte« aber (wie sie es nannte) interessante berufliche Herausforderungen eher unwillig. Sie vermisste das Team und den Trubel, hatte Angst, den Anschluss im Job zu verlieren, und das Gefühl, das Leben draußen gehe jetzt an ihr vorbei. Sie fühlte sich irgendwie ausgeschlossen, gefiel sich aber auch als allein erziehende, moderne Frau, die alles allein schafft und unter einen Hut bringt. Ihre Zukunftsformel lautete: Jetzt für eine kurze Zeit wenig Job und viel Kind, dann wieder viel Job – und auch viel Kind!

In den ersten Wochen nach der Geburt drehte sich alles nur um Andrea. Dabei ging die Mutter strategisch vor, wie sie es im Berufsleben stets mit Erfolg praktiziert hatte. Sie fütterte nach Plan, das Kind sollte planmäßig zunehmen und planmäßig schlafen. Sie führte über jedes Gramm akribisch Buch, trug das

Gewicht in Tabellen ein und litt, wenn Andrea mal nicht die angestrebte Zunahme erreichte – also nicht wie erwartet funktionierte.

Auf den natürlichen Schlaf-Wach-Rhythmus und das Hunger-Satt-Gefühl des Babys wollte sie sich nicht verlassen. Dazu fühlte sie sich einerseits zu unsicher – »Ich bin schließlich das erste Mal im Leben Mutter« –, andererseits sprach sie dem kleinen Säugling eigene Bedürfnisse ab. Obendrein lebte sie mit der ständigen Angst im Hinterkopf, Fehler zu machen.

Deshalb klammerte sie sich am Anfang streng an die Empfehlungen des Kinderarztes und richtete sich exakt nach den Gewichtsangaben in Babybüchern für das jeweilige Alter. Auf das Fütter-Diktat reagierte der Säugling mit Quengeln und Schlafstörungen. Andrea weinte viel und aß eher wenig.

Daraufhin verfiel die Mutter panikartig ins Gegenteil und änderte ihre Strategie abrupt: Sie warf alle Regeln über Bord und fütterte immer sofort, wenn sich Andrea in der Wiege bemerkbar machte oder weinte. Nur wenn ihr Kind gut aß, hatte sie das Gefühl, eine gute Mutter zu sein.

Als sie nach den ersten Monaten wieder regelmäßig arbeitete, fühlte sie sich wie eine »schlechte« Mutter, die ihr Kind zu oft allein lässt. Sie redete sich ein, die Tagesmutter hätte Andrea nicht richtig versorgt – deshalb wurde gefüttert, sobald sie zu Hause war. Außerdem genoss es die Frau nach einem stressigen Tag, das kleine Wesen im Arm zu halten und zu füttern. »Ich habe mir so sehr ein Baby gewünscht, ich möchte die Phase jetzt auch ganz lange auskosten«, sagte sie einer Freundin.

Noch als Schulkind bekam Andrea zu den normalen Mahlzeiten Babybrei zu essen. »So wurde ich zur fetten Kuh«, erzählt Andrea heute resigniert.

Kinderpsychologen und Familientherapeuten kennen das Phänomen. Es ist längst keine Seltenheit mehr, dass auch

Schulkinder noch Babynahrung »zugefüttert« bekommen. Dahinter steckt das unbewusste Bedürfnis der Eltern, ihren Nachwuchs so lange wie möglich festzuhalten. Denn wer füttert, wird gebraucht und bindet Menschen an sich.

Diese Kinder leiden oft unter den »süßen Fesseln« der Eltern, können sich dem aber nicht widersetzen. Gerade spätgebärende Frauen und allein erziehende Mütter dehnen die Babybrei-Phase immer weiter aus, weil sie es sind, die sich nicht abnabeln können. Die Mutter-Kind-Situation wird über das Essen künstlich aufrecht erhalten und so konserviert.

Das Wunschkind Andrea sollte ganz lange Baby bleiben. Auch als sie mit fünf Jahren längst richtig sprechen konnte, redete die Mutter mit ihrer Tochter in der Babysprache: »Wit du heia machen oder noch Breichen-ham-ham essen ...?« Wenn Klein-Andrea dann energisch den Kopf schüttelte (»Ich habe das Baby-Gequatsche immer gehasst ...!), kam ein trauriges: »Bit du nich' mehr Mamis Pri-Pra-Prinzesschen ...?« Dann setzte sich Andrea folgsam auf den Schoß der Mutter, schwieg und aß brav den Brei. Dass Mama traurig ist, wollte sie nicht. Dieses Verhalten nennen Psychologen emotionale Erpressung.

Logische Folge: Andrea legte für alle sichtbar kräftig an Gewicht zu. Nur die Mutter verdrängte das Äußere ihrer Tochter, ignorierte die Pfunde und nannte das Mädchen fortan »mein Pummel-Prinzesschen«. Wie sehr das Kind damals schon litt, nahm die Frau nicht wahr: Sie dachte sich ihr dickes Kind schlank und verniedlichte das Gewicht der Tochter.

Auch als sie von außen massiv auf das gewichtige Problem angesprochen wurde, reagierte sie mit Wut und Verdrängung.

»Ich erinnere mich an einen Streit meiner Mutter mit Tante Imogen«, sagt Andrea. Wortfetzen wie »Das ist ja schon krankhaft«, drangen an ihr Ohr. »Ich wusste, es geht um mich.« Dann hörte sie die Stimme der Mutter (»Sie ist doch noch im Wachstum ...«) und schämte sich zum ersten Mal. Dann flogen die Türen und nachdem die Tante das Haus verlassen hatte, verkündete die Mutter: »Tante Imogen spinnt, Prinzesschen.«

Andrea wusste es schon damals besser: »Mama hat sich, mich und Tante Imogen belogen ...«

Das Mädchen hatte längst erkannt, was ihre Mutter nicht wahrhaben wollte: »Ich bin fett! Ich kriegte schon damals das verdammte spanische Prinzessinnen-Kleid nicht mehr über den Bauch«, sagt sie. »Es spannte und ich fühlte mich darin wie eine Wurst in der Pelle ...«

Wenn dann sonntags all die feinen Leute aus der Werbebranche zum Brunch ins Haus kamen und Champagner schlürften, litt sie ganz fürchterlich. Ihre Mutter führte sie mit den Worten »meine beste Produktion« vor und all die schönen Menschen überschlugen sich zu betonen, wie »süüüüß« und zauberhaft die kleine Prinzessin doch sei.

»Dann haben sie hinter meinem Rücken gesagt, es sei ja schon unnatürlich, wie ich aussehe.« Irgendwo wurde laut gelacht und Andrea hörte, dass jemand sie »Miss Piggy-Olé« nannte.

In solchen Augenblicken hasste sie ihre Mutter jedes Mal abgrundtief und wünschte sie zum Teufel, hatte aber gleichzeitig Mitleid mit ihr! Dass andere Menschen sich über sie, das dicke Kind, amüsierten, war schon schlimm. Aber sie verspotteten damit nicht nur Andrea, sondern auch ihre Mutter. Das fühlte das Mädchen ganz deutlich und es machte sie unendlich wütend. Aber sie hatte gelernt, Anstand zu wahren und Gefühle zu unterdrücken. Also verabschiedete sie sich brav lächelnd, ging auf ihr Zimmer – und fing sofort an, sich mit Süßigkeiten vollzustopfen.

Ihre geliebte Mutter – schlank, schön und erfolgreich – stand auf einem hohen Sockel. Andrea wollte nicht, dass andere Menschen dieses Bild durch ihren Spott beschmutzten und zerstörten. Da Kinder sehr feine Sensoren für Unaufrichtigkeit haben, spürte sie auch die Verlogenheit und falsche Freundlichkeit.

Doch auch die Mutter log immer wieder: Ihre Welt war nicht so heil. Wo war der Vater, ihr »Erzeuger«? Warum sprach die Mutter so abfällig über ihn? Immer wenn sie etwas an Andrea nicht mochte, sagte sie: »Das hast du bestimmt von ihm!«

Vielleicht wollte der Vater keine fette Tochter? Immer seltener kamen Geschenke von ihm: mal zum Geburtstag, mal zu Weihnachten. Andrea fühlte sich von ihrem Vater ungeliebt und verlassen.

Auf all das Hässliche in ihrer nach außen heilen Kinderwelt konnte sie nur mit Essen reagieren. Es war zu ihrem Lebensinhalt geworden. Sie verdrückte fette Törtchen, stopfte ihren Mund mit Weingummi voll, weil sie ihre Gefühle nicht ausdrücken konnte. Andrea war ihrer Mutter verbal und emotional völlig unterlegen und ihrer Liebe schutzlos ausgeliefert. Wortlos ertrug sie »all das Theater, das um mich gemacht wurde« und wenn sie einmal aufbegehrte, machte die Mutter ihr sofort ein schlechtes Gewissen. Dann fielen Sätze wie: »Mami ist traurig, wenn du so böse bist!«

Oder schlimmer: »Ich hab so viel für dich aufgegeben, du bekommst alles von mir – und jetzt das ...!« Dann fühlte sie sich schuldig, erpresst, unter Druck gesetzt – sie litt und schwieg. Sie wollte nicht, dass ihre Mutter für sie etwas aufgab, auf vieles verzichtete und sich gar für sie, die fette Prinzessin, schämen musste.

Auch ihrer Mutter ging es in Wirklichkeit nicht immer gut. Andrea registrierte sehr wohl, dass sie zu viel Wein trank und nicht nur perfekt funktionierte. Wie bröckelig die heile Fassade war, wurde für das Mädchen mit zunehmendem Alter immer offensichtlicher. Immer häufiger redete die Mutter mit Freundinnen über Falten, Liften und die »Arroganz der Jugend«. Irgendwann fragte eine ihrer kinderlosen Freundinnen (»die stutenbissige Schlange«, wie ihre Mutter sie nannte) scheinbar besorgt, ob Andreas Übergewicht krankheitsbedingt sei. Am nächsten Tag beschloss die Mutter: »Andrea, wir machen Diät!«

Sie riss alle Schränke auf, holte die Süßigkeiten hervor und warf sie in den Müll. Damals war Andrea acht Jahre alt und wog 63 Kilo. Ihre Mutter wälzte Diätbücher und ging die Sache wieder »ganz nach Plan« an.

Morgens gab es ein Knäckebrot mit Tomatenscheiben und Orangensaft, mittags gedünstetes Gemüse und Reis, als Zwischenmahlzeit etwas Fruchtsalat und abends etwas Fisch und Salat. Das Mädchen nahm zwar ab, hatte aber ständig Hunger und wurde von einer brennenden Gier nach Süßigkeiten geplagt.

In der Schule konnte sie sich nicht mehr konzentrieren und litt doppelt unter dem Spott ihrer Mitschülerinnen. »Da kommt die Tonnen-Prinzessin«, spotteten sie. Niemand bemerkte ihren Gewichtsverlust, was das Mädchen sehr entmutigte.

Ihr Körper war ihr plötzlich extrem zuwider. Sie hatte mehr und mehr das Gefühl, eine hässliche Tonne und keineswegs eine Prinzessin zu sein. Sie fühlte sich völlig überfordert, da sie weder die Ansprüche ihrer Mitschüler noch die der Mutter zu erfüllen schien.

Alle ihre Idole waren unerreichbar schlank: Kate Moss und Claudia Schiffer sind die wahren Prinzessinnen dieser Welt – unerreichbar schön und unerreichbar mager. Alle Sängerinnen in den Videoclips auf MTV, Blümchen, die Spice Girls und Tic, Tac, Toe sind dünn. Nur die Kellys nicht – und die mochte Andrea nicht, weil die Mutter die dickeren Mädchen der Geschwister mal »singende Fleischwürste« genannt hatte.

Nein, Andrea wollte wie die Models sein. Und insgeheim träumte sie davon, später einmal in Paris und London über den Laufsteg zu schweben ...

Sie wurde immer stiller und nach dem Abbruch der Diät auch wieder dicker. Ihr Gefühl, versagt zu haben, bestätigte die Mutter immer häufiger. »Du bist zu undiszipliniert, Andrea, zu unbeherrscht. Schönheit ist harte Arbeit.«

Andrea wurde krank und wollte nicht mehr in die Schule gehen. Die Mutter war verzweifelt, schob alles auf die Pfunde und beschloss, eine neue Diät auszuprobieren. Wieder nahm Andrea ab und anschließend zu. Ihre Mutter konsultierte Ernährungsberater und Ärzte, sie besorgte sich Rezepte von Diätkliniken aus den USA und verordnete Radikalkuren.

Nichts war von anhaltendem Erfolg gekrönt. Schließlich wurde ein weiterer »Profi«, eine Kinderpsychologin, eingeschaltet. Im Einzelgespräch stieß die Frau auf »gewichtige« Probleme: Andrea fühlte sich von Altersgenossen ausgegrenzt und völlig isoliert. Sie wurde von den anderen nicht eingeladen, weil sie ja »was Besseres war« und gleichzeitig dem Schönheitsideal der anderen Mädchen nicht entsprach. Andrea war einsam und gleichzeitig froh, wenn die Mutter tagsüber in der Agentur war. Dann konnte sie gedanklich in ihrer Phantasiewelt tanzen – und ungestört essen!

Sie wollte ihrer Mutter nicht zur Last fallen, keine Arbeit, keine Umstände machen und brav sein. Dass der schöne Schein der Frau nicht stimmte, machte sie immer wütender. Sie wollte so gerne »normal« sein und eigene Bedürfnisse ausleben, zum Beispiel mit Freundinnen draußen spielen, was Andrea jedoch nicht durfte.

Dann fanden gemeinsame Therapiegespräche mit der Mutter statt. Zum ersten Mal konnten die Essstörungen aufgearbeitet werden. Das Mädchen fing an, der Mutter zu erzählen, wie sehr sie »das Baby-Gequatsche« störte, das Prinzessinnen-Kleid und die ganzen blöden Freundinnen und Werbeleute. Nachdem all die vielen Dinge, die sie sonst immer tapfer runtergeschluckt hatte, endlich ausgesprochen waren, ging es beiden besser. Sie weinten viel, aber nahmen sich auch zärtlich in den Arm und trösteten sich.

Durch eine Ernährungsumstellung (keine Diät!) versuchen Mutter und Tochter nun, die Pfunde langsam und ohne viel Stress abzubauen und das Gewicht dann zu halten. Andrea geht nicht mehr zum Pony reiten, sondern in einen ganz normalen Sportverein. Model will sie jetzt auch nicht mehr werden, wenn sie groß ist – sondern Ärztin.

Gloria (15): Auf dem Brief stand: »Nimm dir das Leben, du fette Sau!«

Gloria (15) wiegt bei einer Größe von 169 Zentimetern über 100 Kilo.

Gloria ist ein sehr ruhiges, hoch intelligentes, extrem sensibles Mädchen. »Ich war Papas Liebling«, sagt sie leise. »Er hat mir Schach spielen beigebracht und an Wochenenden haben wir musiziert. Mama hat gesungen, wenn wir auf der Gitarre geklimpert haben und meine kleine Schwester hat wild getanzt.«

Sie lacht. Es war eine sehr schöne Zeit – damals.

Gloria ist in einer harmonischen, liebevollen Familie aufgewachsen. Als ihre Schwester Britta auf die Welt kam, war die Idylle perfekt. »Wir waren so glücklich!« Nie wird Gloria den Sommertag am See vergessen. »Es ist jetzt schon drei Jahre her«, erzählt sie. »Britta hat auf der Decke gesessen und sah einfach süß aus. Mama war im Wasser. Da hat Papa plötzlich zum ersten Mal ganz fürchterlich gehustet.« Seine Frau hat ihm spielerisch auf den Rücken geklopft, weil sie glaubte, ihr Mann habe sich verschluckt. »Wir haben alle gelacht und gesagt, unsere großer Papa verschluckt sich wie unsere Baby-Britta. Dabei hatte er damals schon diese schreckliche Krankheit im Körper ...«

In den folgenden Monaten änderte sich das Familienleben dramatisch: Der Husten des Vaters wurde immer schlimmer. Dann diagnostizierten die Ärzte einen inoperablen Lungenkrebs. Damals ahnte Gloria noch nicht, dass der Vater bald sterben muss. Er unterzog sich einer Chemotherapie, kam immer wieder aus dem Krankenhaus nach Hause und tröstete die Familie: »Keine Angst, ich lass euch nicht allein.« Gloria glaubte ganz fest daran, aber die Krankheit war stärker als der eiserne Wille des Vaters. Die letzten Wochen lag er abgemagert im Bett und war kaum noch in der Lage, allein zur Toilette zu gehen.

Seine Frau war verzweifelt. Sie konnte das Undenkbare – den Tod ihres Mannes – nicht akzeptieren. Sie telefonierte mit Gott und der Welt, hoffte auf eine Gentherapie in den USA, führte Gespräche mit Ärzten und erfuhr überall das Gleiche: »Ihrem Mann ist nicht mehr zu helfen ...« Die Frau reagierte völlig kopflos: Mal verdrängte sie das Unabänderliche, bestellte bei einem Esoterik-Versand chinesische Naturheilmedizin, kochte makrobiotisch und holte Heiler ins Haus, denn das Vertrauen in die Schulmedizin hatte sie längst verloren. Dann schlug ihre Aktivität ins Gegenteil um: Sie resignierte, schluckte Beruhigungsmittel, redete tagelang kein Wort, saß nur im Wohnzimmersessel und weinte.

Zu dieser Zeit hatte Gloria ihrer Mutter bereits alles abgenommen: Sie kümmerte sich um Britta, ging einkaufen, führte den Haushalt und meisterte so ganz nebenbei die Schule. So oft es ging, war sie beim Vater, hielt seine Hand und redete mit ihm.

Gloria war mit dem Vater allein, als er starb. »Er wollte mir noch etwas sagen, aber aus seinem Mund kam nur ein leises, langes Atmen. Dann war er tot.«

In den darauffolgenden Tagen funktionierte Gloria wie in Trance. Sie versuchte, die völlig apathische Mutter zu trösten, besprach mit dem Pfarrer die Grabrede, suchte den Sarg aus und ging gemeinsam mit dem Beerdigungsunternehmen die Liste der Trauergäste durch. Gloria war damals noch keine 14 Jahre alt.

Sie war so tapfer! Alle wunderten sich über das starke, kleine Mädchen und manche fragten sogar befremdet: »Bist du denn gar nicht traurig, dass dein Vater tot ist?« Dabei dachte Gloria nur an ihre Mutter und Britta. Für sie musste sie stark sein. Wie es in ihrem Inneren aussah, ahnte niemand. Nachts weinte sie sich in den Schlaf. Sie wollte bei ihrem Vater sein – da wo er jetzt war. Aber sie durfte nicht schlapp machen, nicht schwach sein. Einer der letzten Sätze, die der Vater auf dem Sterbebett zu ihr sagte, war: »Mein Liebling, Mama braucht dich jetzt ...«

Nach der Beerdigung ihres Mannes versank die Frau in eine tiefe Depression. Tagelang lag sie im abgedunkelten Schlafzimmer. Sie redete nicht, aß nicht und wollte nicht aufstehen. Neben all den vielen Beruhigungsmitteln begann die Mutter, Alkohol zu trinken. Sie wollte vergessen und nur noch schlafen.

Gloria betrachtete den Zustand der Mutter mit großer Sorge, aber sie wollte keine Hilfe von außen holen. »Ich schaffe das schon«, redete sie sich ein. Niemand sollte etwas bemerken, vor allem nicht die Trunksucht der Mutter. Das Mädchen hatte Angst, dass »alles auseinanderbricht, wenn Fremde sich einmischen«. Zudem hatte Gloria jetzt viel Arbeit. Britta weinte viel und machte plötzlich wieder ins Bett. Die Gemeindeschwester, die anfangs vormittags, wenn Gloria in der Schule war, nach dem Rechten sah, hatte ohnehin nur wenig Zeit. Irgendwann schickte das Mädchen die Frau einfach weg: »Wir schaffen das jetzt alles gut allein«, log sie. »Und Mama geht es auch schon besser«.

Mittags nach der Schule kochte Gloria dann, putzte, wusch und sah nach der Mutter. Im Haus sollte alles so bleiben, wie es immer war: Ordentlich, sauber und »irgendwie normal«. Zwischendurch machte Gloria ihre Hausaufgaben. Und plötzlich fing sie an, viel zu viel zu essen. »Ich kriegte richtige Anfälle«, sagt sie. Vom Haushaltsgeld kaufte sie nur für sich Nüsse, Pizza, Yes-Törtchen, Familienpackungen mit Snickers und Mars. Kaum war sie aus dem Laden, riss sie die Tüten auf und verschlang gierig den Inhalt – »wie ein Müllschlucker«. Als sie im Supermarkt an der Kasse einmal von der Verkäuferin wegen all der Süßigkeiten auf dem Band gefragt wurde, ob sie einen Kindergeburtstag feiere, teilte sie fortan ihre Einkäufe auf mehrere Geschäfte auf, »damit nicht auffällt, wie viel ich esse.« Dann fing sie an, Geschichten zu erfinden, um ihre Einkäufe zu erklären und die Sucht zu verbergen: »Wir kriegen Kinderbesuch aus Bayern ...«

Gloria wurde immer dicker. »Es ging ganz schnell: Ich war plötzlich richtig fett«, erzählt sie. Alle Gefühle hat sie in sich reingefressen. Tief in ihrem Inneren war sie wütend: Auf die schwache Mutter, die unfähigen Ärzte – und »diesen ungerechten Gott, der mir meinen Vater genommen hat«. Manchmal hasste sie all die anderen Kinder, deren Väter jeden Abend von der Arbeit nach Hause kamen.

Nach außen hin war sie stets freundlich, zuvorkommend und hilfsbereit. »Aber in mir hat es gekocht«, sagt sie. »Und wenn ich wieder so richtig wütend und verzweifelt war, hab ich nur gefressen. Erst wenn ich richtig voll war, konnte ich entspannen.« Sie wog bald über 80 Kilo.

Ihre Schulfreundinnen hatten sich nach dem Tod des Vaters bald von ihr zurückgezogen. Sie konnten mit Glorias Trauer nichts anfangen, waren unsicher und wussten nicht, wie sie ihr begegnen sollten. Das einst so fröhliche und beliebte Mädchen war in der Klasse zur Außenseiterin geworden.

Bald war der Grund für Glorias Veränderung – der Tod des Vaters – bei den anderen vergessen, das letzte bisschen Mitleid erloschen. Die Mädchen tuschelten hinter ihrem Rücken und sahen in ihr nur »die Monster-Braut«, die nie »einen abkriegt«! Die Jungen nannten Gloria ganz offen »Drei-Tonner«, ließen sich von ihr aber in Mathe helfen. »Mein Selbstwertgefühl ging damals gegen Null«, erinnert sie sich heute. Sie fühlte sich minderwertig und aus der Gemeinschaft ausgeschlossen. »Nur wenn sie mich vor Klassenarbeiten brauchten, war ich ihnen gut genug – und ich genoss es, gebraucht zu werden.« Dann erklärte Gloria stundenlang Algebra und schrieb für die Klassenkameraden Interpretationen in Deutsch. Ihre Sehnsucht nach Anerkennung und Liebe und ihre Suche nach ein bisschen Freundschaft machten sie zum idealen Opfer.

Gloria ließ sich leicht ausbeuten und wusste, dass sie ausgenutzt wurde. Den Gedanken schob sie jedoch weit weg. Sie ließ das alles mit sich geschehen, weil sie wenigstens ein bisschen dabei sein wollte. Dieses Verhalten ist typisch für die »verständnisvollen Dicken«. Meist sitzt in ihrem dicken Leib eine liebe Seele: Sie können nicht nein sagen, sind stets nett und verständnisvoll, schlucken Wut und Enttäuschung mit Nahrung herunter. Wie Gloria, die beim Gedanken an die Undankbarkeit der Schulkollegen sofort extremen Heißhunger verspürte, den sie mit Pommes und Mayo runterwürgte. Aber sie war sofort wieder zur Stelle, wenn sie beim nächsten Mal gebraucht wurde. »Ich war süchtig danach zu essen – und gebraucht zu werden!« Im Verhaltensrepertoire von Dicken ist diese Kombination keine Seltenheit. Deshalb sind Dicke auch so beliebt: Patent, praktisch und stets zur Stelle, wenn man sie braucht. Ganz nebenbei fungierte Gloria, die selbst so viel Kummer hatte, für andere als Kummerkasten. Sie konnte stundenlang zuhören. Als »dicke« Freundin war sie bei Bedarf bei den Mädchen beliebt. Von der

»Dicken« hatten die anderen im Konkurrenzkampf um die Jungen nichts zu fürchten. Außerdem, das wissen Psychologen nur zu gut, schmückt eine hässliche Freundin manchmal ungemein: Sieht man neben ihr nicht noch strahlender aus?

Und so lauschte Gloria all den Liebeskummer-Geschichten der Mädels, dem »Stress«, den die anderen angeblich mit ihren Eltern hatten, und half bei allen »Mini-Problemchen«. Sie hörte geduldig zu, aber Treffen, Radtouren und Partys fanden ohne sie statt. »Ich hab ja eh keine Zeit«, tröstete und belog sie sich selbst, wenn sie wieder einmal von der Gruppe ausgegrenzt wurde. Dann rettete sie sich auf ihre Trost-Insel, wie sie es nennt. Und dort gibt's nur eins: »Ganz viel zu essen!«

Das Lob der Lehrer für ihre guten Noten war ihr eher wenig wert. Sie hoffte auf Freundschaft, aber sie hoffte immer vergebens: Stattdessen erntete sie Spott, wurde verhöhnt und beleidigt. Zurückweisungen, innere Leere, Trauer und die entsetzliche Überforderung durch die familiäre Situation – all das kompensierte Gloria mit noch mehr Essen. »Ich war richtig aufgeschwemmt, sah bald selbst aus wie ein Doppel-Whopper, aber Essen war das Einzige, was mir blieb und mich beruhigte.« Mit Pommes, Hamburgern und Chips im Bauch war ihr für kurze Zeit alles egal. Wie viele Esssüchtige musste Gloria die Dosis immer weiter steigern. Sie aß immer mehr, um kurzfristig Befriedigung zu erlangen. Es ist ein wahrer Teufelskreis: Dicke leiden, weil sie fett sind und sie sind fett, weil sie ihr Leid durch Essen lindern wollen. Sie werden immer unglücklicher, müssen immer mehr essen – und werden immer fetter!

Als Gloria »so richtig fett« war, wollte man sie auch nicht mehr als Kummerkasten. Einmal hörte sie, wie eine Schulkollegin zu einer anderen sagte: »Mit der kann man sich jetzt wirklich nicht mehr sehen lassen ...« Und Gloria wollte eigentlich auch niemanden mehr sehen. Vom Hausarzt ließ sie sich ein Attest ausstellen, damit sie nicht mehr am Sport- und Schwimmunterricht teilnehmen musste. »Ich wollte mich einfach vor den anderen nicht mehr ausziehen.« Wenn alle in die Schulkantine gingen, schloss sie sich aus: »Ich schämte mich und wollte nicht, dass mich die anderen beim Essen beobachten.« Dann fuhr sie nach Hause, plünderte den Kühlschrank und aß ohne Unterlass – hemmungslos bis zur Ekelgrenze. Anschließend bereute sie ihre »Schwäche«, war verzweifelt und tief deprimiert. »Ich hab mir manchmal gewünscht, ich könnte mich einfach übergeben – aber es ging irgendwie nicht.«

Gloria war den Anfällen, der grässlichen Gier total ausgeliefert und sie war sich dessen auch bewusst: »Ich habe die Drogensüchtigen am Bahnhof auf einmal so gut verstanden. Die können auch nicht einfach aufhören – wie ich mit dem Essen.« Das Gefühl und der Geschmack von schmelzender Schokolade auf der Zunge war ihre Droge geworden. Essen als Droge, wenn Menschen sich überfordert fühlen, ist für Therapeuten ein alltägliches Phänomen. Für Gloria war es eine Katastrophe: »Ich hatte längst die Achtung vor mir verloren ...!«

Mit jedem weiteren Kilo, das Gloria auf die Waage brachte, wurde sie empfindlicher: »Wenn mich jemand ansprach, bekam ich sofort einen knallroten Kopf.« Sie traute sich in der Klasse nicht, von ihrem Platz aufzustehen, »weil dann alle auf meinen Hintern starrten«. Eine Zeit lang versuchte sie, mit dem Verstand gegen ihre Minderwertigkeitsgefühle anzugehen. Sie hatte gelesen, dass nur acht Prozent aller Frauen Konfektionsgröße 38 tragen. Mit der Vorstellung, nicht allein zu sein, konnte sie sich eine Weile trösten. Dennoch, Kleidung zu kaufen war ein Horror! Die Verkäuferinnen behandelten das Mädchen wie eine Aussätzige (»Hier gibt's nichts für dich – wir führen keine Zirkuszelte ...«). Gloria hatte längst aufgegeben, etwas Schönes für sich zu suchen. Und eigentlich war es ihr auch egal. »Es gibt Wichtigeres auf der Welt als Klamotten – Gesundheit zum Beispiel«, sagte sie sich dann und dachte an ihren Vater.

Die Trauer um den toten Vater bereitete ihr noch lange nach seinem Tod »richtige körperliche Schmerzen«. Sie hatte Angst vor Weihnachten, Geburtstagen und den Ferien. Dazu kam die Sorge um die Mutter, die immer mehr trank. Es wurde von Woche zu Woche schwieriger, die familiäre Situation vor Außenstehenden geheim zu halten. Nachbarn fragten lauernd: »Na, wie geht's denn deiner Mutter?« Und Gloria verteilte abends im Dunkeln die leeren Weinflaschen auf mehrere Mülleimer, damit die Menge nicht auffiel.

Dann die viele Arbeit im Haushalt und mit der kleinen Schwester, die an ihr hing »wie ein Klotz«. Gloria war mit 14 Jahren für das kleine Mädchen zum Mutterersatz geworden. Dabei war sie mit der Rolle völlig überfordert. »Der Stress hörte einfach nicht auf«, sagt sie. Und je größer der Druck auf ihr lastete, umso mehr musste sie essen. Gloria war dem allen nicht mehr gewachsen. »Es war, als ob ich mir eine Mauer aus Fett anfresse, um mich zu schützen«, meint sie heute.

Der Brief der Klassenkameraden, den sie eines Morgens auf ihrer Schulbank fand, war eigentlich nur der Tropfen, der das Fass zum Überlaufen brachte: »Nimm dir einen Strick, du fette Sau!«, stand auf dem Papier. »Warum eigentlich nicht«, dachte Gloria, steckte den Zettel wortlos in die Tasche, absolvierte den Unterricht wie jeden Tag und ging apathisch nach Hause.

Als Gloria die Wohnungstür aufschloss, war es still: Die Mutter schlief, Britta war in der Kindertagesstätte. Der Schmerz, die Trauer, die Verzweiflung – all die negativen Gefühle – und dann der Brief! Gloria nahm Schlaf- und Beruhigungsmittel aus dem Medikamentenschrank, löste sie in einem Glas Cola auf und schluckte den Cocktail.

Kurze Zeit später fand die Mutter ihre bewusstlose Tochter in ihrem Zimmer und rief sofort den Notarzt. Die Ärzte im Krankenhaus konnten Glorias Leben retten. Der Selbstmordversuch war für die Frau ein furchtbarer, aber auch heilsamer Schock. Am Krankenbett versprach sie Gloria, dass sie jetzt mit dem Trinken aufhören würde – »und wir wieder eine richtige Familie werden«. Dann sagte sie: »Papa hätte nicht gewollt, dass du stirbst. Er war ein Kämpfer. Jetzt müssen wir ohne ihn kämpfen ...«

Damit meinte die Mutter auch den Kampf gegen die Suchtkrankheiten. Sie kümmerte sich sofort um Hilfsangebote, besuchte die Anonymen Alkoholiker. Über Glorias Esssucht sprach sie noch im Krankenhaus mit den Ärzten und Ernährungsberatern.

Dort erfuhr sie, dass es bei Gloria mit einer Diät nicht getan war, dass ihre Seele verletzt war. Die unbewältigte Trauer um den Vater, die häusliche Überforderung und die Ausgrenzung durch Gleichaltrige – das sind Probleme, die nur in einer Gesprächstherapie aufgearbeitet werden können. Wie viele Dicke ist Gloria extrem angepasst. Sie versucht, durch Hilfsbereitschaft zu gefallen und nimmt dafür vielerlei Verletzungen in Kauf. Negative Gefühle wie Wut und Aggression werden unterdrückt, nicht zugelassen und »runtergeschluckt«. Das macht krank – und fett.

Außerdem muss Gloria auch aus gesundheitlichen Gründen dringend unter ärztlicher Aufsicht in einem speziellen Krankenhaus abspecken. Längst leidet sie wegen des Übergewichtes unter bedenklichen körperlichen Einschränkungen: Sie hat oft Schweißausbrüche und ist kurzatmig, ihre Gelenke schmerzen und ihr tun die Füße weh.

Erst nach einem bestimmten Gewichtsverlust wird Gloria in der Lage sein, sich durch eine ausgewogene, weiterhin kalorienreduzierte Mischkost allmählich wieder einem normalen Gewicht zu nähern. Das braucht Zeit. Wie heißt es so schön: Man nimmt nicht zwischen Weihnachten und Neujahr zu, sondern zwischen Neujahr und Weihnachten. Alle Experten raten von Crash-Kuren und schnellem Abnehmen ab. Es gibt über 500 verschiedene Diäten, aber keine garantiert langfristigen Erfolg. Der Körper narrt die Hungernden mit dem so genannten Jo-Jo-Effekt: Am Anfang einer Diät nimmt man ab. Dann kalkuliert der Körper nur wenig Nahrung ein, richtet sich auf die »Notzeit« aus und schaltet auf Sparflamme. Das heißt: Der Körper passt sich der »mageren Zeit« an, senkt den Grundumsatz (Energieverbrauch in Ruhe) und spart Energie. Fängt man nun nach einer Diät wieder an, normal zu Essen, nimmt man rascher zu, weil der Körper weniger Kalorien verbraucht als vorher. Von Diät zu Diät nimmt der Jo-Jo-Effekt zu und das Gewicht schaukelt sich hoch.

Gloria und ihre Mutter wollen einen vernünftigen Weg finden, das Problem nachhaltig zu lösen. Es ist ein langer Weg, aber beide sind zuversichtlich.

Die dünnen Kinder:
Ihre Seele hungert

Sie zählen Kalorien, erlauben sich nur einen Apfel am Tag oder werden von Fressanfällen geplagt, um sich anschließend zu übergeben: Über zwei Millionen Mädchen und junge Frauen in Deutschland – die meisten sind zwischen 14 und 24 Jahre alt – leiden an Magersucht (Anorexia nervosa) oder Bulimie. Es handelt sich hierbei um zwei typische Mädchen- oder Frauenkrankheiten (nur fünf Prozent der Betroffenen sind männlich), die meistens in der Pubertät auftreten. Einer Zeit großer Unsicherheit also, in der sich alles verändert: Der Körper, das Verhältnis zu den Eltern und speziell zu den Jungen in der Klasse. Plötzlich wird das Mädchen »dicker«, bekommt einen Busen, legt an den Hüften merklich zu und leidet unter den körperlichen Veränderungen, die gleichzeitig eine Identitätskrise hervorrufen. Manche Mädchen wollen schlicht noch Kind bleiben, nicht in diese fremde Welt der Erwachsenen überwechseln. In diesem Lebensabschnitt sind Kinder besonders sensibel. Kommt es zusätzlich zu einer Krise (zum Beispiel die Trennung der Eltern), wird die Entwicklung von Essstörungen begünstigt.

Andere wollen ganz einfach schlank bleiben. Häufig sind junge Mädchen gerade in dieser Entwicklungsphase mit ihrem Aussehen unzufrieden (80 Prozent) – sie versuchen, ihre Figur zu modellieren.

Nicht erst in der Pubertät achten kleine Mädchen auf ihre Figur und ihr Gewicht. Schon Neunjährige folgen heute dem

Schlankheitswahn. Laut einer Studie des französischen Forschungszentrums für Ernährung zwingen sich 40 Prozent der Neun- bis Zehnjährigen bereits zu Diäten, zählen Kalorien und steigen regelmäßig auf die Waage.

Hohle Wangen, dünne Beine und knochige Schultern gelten als chic. Dürre Models wie Kate Moss und Stella Tennant haben den »Skelett-Look« gesellschaftsfähig gemacht. Model-Maße von 80-55-75 Brust-, Taillen- und Hüftumfang bei einer Größe von 180 Zentimetern und einem Gewicht von 50 Kilo sind heute Standard auf dem Laufsteg. Übrigens: Bereits jedes zweite Model leidet heute unter Essstörungen ...

Während dicke Kinder von ihren Altersgenossen sozial geächtet, verspottet und gehänselt werden, werden superschlanke von Kindern aller Altersgruppen bewundert. Der Wunsch, besonders dünn zu sein, geht mittlerweile durch alle Gesellschaftsschichten. Fotos von einem offiziellen Auftritt der schwedischen Kronprinzessin Victoria im November 1997 schockierten damals die Öffentlichkeit: Aus dem pummeligen Teenager war ein extrem abgemagertes Mädchen mit spitzem Kinn und spindeldürren Ärmchen geworden. Der Königshof bestätigte: Sie leidet an Bulimie.

Perfektion ist das Zauberwort, das bei vielen essgestörten Mädchen zum Fluch wird: Qualvolle Körperbeherrschung, um den Ansprüchen zu genügen, führt schnell zur Sucht. Für die amerikanische Philosophin Susan Bordo sind »Essstörungen die extreme Reaktion auf den gesellschaftlichen Zwang, schön und schlank zu sein«.

Magersucht und Bulimie sind »moderne« Erkrankungen, die bis zum Anfang der siebziger Jahre nahezu unbekannt waren. Twiggy war die erste Magersüchtige, die mit ihrer Krankheit Ende der sechziger Jahre Geld verdiente. Lady Di war sicher die berühmteste Bulimikerin der Welt. Erst durch ihr offenes Bekenntnis, an Bulimie erkrankt zu sein, wurde es »hoffähig«, auch darüber zu sprechen.

Trotz zahlreicher Parallelen und der Vermischung von Symptomen (totale Kontrolle, Heißhunger-Attacken, Ess-Brech-Anfälle, tägliches Wiegen) unterscheiden sich beide Erkrankungen.

Magersucht (Anorexia nervosa) führt zu einer völligen Überschätzung des Körperumfanges. Die Betroffenen leiden unter einer seltsamen Wahrnehmungsstörung: Selbst bei extremem Untergewicht empfinden sich Magersüchtige als zu dick. Sie haben den realen Bezug zu ihrem Aussehen verloren. Das Bild im Spiegel ist zum Trugbild geworden: Auch wenn sie nur noch 30 Kilo wiegen, entdecken ihre Augen an den klapperdürren, ausgemergelten Körpern immer noch Stellen (speziell an den Oberschenkeln), die zu fett sind. »Ich wollte nicht, dass sich beim Laufen die Innenflächen meiner Oberschenkel berühren«, sagt ein 16-jähriges Mädchen. »Die Beine mussten weit auseinander stehen.«

Hinzu kommt ein eigenartiges Phänomen, das im Umfeld – von Eltern und Freunden – kaum verstanden wird. Magersüchtige Mädchen beschäftigen sich permanent mit dem Essen: Dabei essen sie selbst so wenig wie möglich. Sie leugnen schlicht, hungrig zu sein. In Wirklichkeit leiden sie nicht unter Appetitlosigkeit, sondern unter großem Hunger, den sie mit Stolz bezwingen. Sie weigern sich hartnäckig, zu essen. Bei fortgeschrittener Erkrankung sind sie sogar süchtig nach dem Gefühl des Hungers! Die Nahrungsaufnahme wird auf ein absolutes Minimum reduziert. Durch exzessives körperliches Training (Joggen, Hantelübungen) sollen zusätzlich möglichst viele Kalorien verbrannt werden. Es ist, als ob sie sich »verdünnisieren« wollen: Magersüchtige verlieren extrem schnell an Gewicht, magern bis auf das Skelett ab und halten sich immer noch für zu dick.

Ihre Sucht ist lebensgefährlich: Sie entfernen sich durch die fixe Idee der totalen Selbstkontrolle immer weiter von der Realität. Ihnen ist nicht bewusst, dass sie schwer krank sind und behandelt werden müssen. Im Gegenteil: Sie fühlen sich gut, wenn sie abmagern. Jedes Kilo, das sie verlieren, ist für sie ein Zeichen von Leistung und Erfolg.

Die Sterblichkeitsrate liegt bei 20 Prozent. Denn wie bei jeder Sucht muss auch beim Hungern die Dosis ständig erhöht – und damit noch mehr gehungert werden. Hinzu kommt, dass der Körper als Überlebensstrategie in Zeiten großer Not Endorphine produziert. Die körpereigenen Glückshormone sorgen dafür, dass sich Magersüchtige berauscht und high fühlen. Der dümmliche Satz verzweifelter Eltern: »Iss doch einfach was, Kind«, zeugt nur von Unverständnis und ist keine Hilfe. Es sei nochmals betont: Magersucht macht abhängig! Irgendwann weigert sich der Körper, Nahrung aufzunehmen – Essen wird dann schmerzhaft. Je länger die Erkrankung dauert, umso größer ist die Gefahr, dass die Magersucht chronisch wird (das geschieht in einem Drittel der Fälle). Um nicht zu verhungern, versuchen die Patienten aus Vernunft, ihr Gewicht über der lebensbedrohlichen Grenze zu halten. Sie essen nicht mit Genuss, sondern weil sie sich mit der Krankheit arrangiert haben.

Bulimiker dagegen haben meist kein Untergewicht. Getreu dem Motto: »Ich will so bleiben wie ich bin« versuchen sie, ihr Idealgewicht zu halten. Im Gegensatz zu magersüchtigen Teenagern lehnen Bulimikerinnen ihre Weiblichkeit nicht ab – sie wollen sie als besonders schlanke Schönheit leben. Ihnen sieht man die Erkrankung nicht unbedingt an: Sie sind meistens »schön

schlank« und nicht bis aufs Skelett abgemagert wie ihre magersüchtigen Leidensgenossinnen. Bulimickranke werden von
Heißhunger-Attacken geplagt (sie verschlingen bis zu 30.000
Kalorien pro Anfall), erbrechen jedoch die Nahrung nach
einem solchen »Fressanfall«, damit der Körper die Nährstoffe
nicht verwerten und fett werden kann (durch Erbrechen lassen
sich die Kalorien ungefähr auf die Hälfte reduzieren). Solche
Anfälle treten am Anfang nur gelegentlich auf. Im fortgeschrittenen Stadium erbrechen sich die Betroffenen bis zu sechs Mal
am Tag. Für sie ist der Kreislauf aus Essen und Brechen die
Lösung für ihr eingebildetes Gewichtsproblem geworden. Meist
fühlen sie sich danach beschmutzt und schuldig, weil sie ja
Lebensmittel »vergeudet« haben. Sie ekeln sich vor sich selbst,
»weil es widerlich ist, zu kotzen« (so eine Betroffene). Später
haben sie Übung im Übergeben: Es fällt ihnen leicht, es gehört
nach dem Essen dazu – wie andere sich den Mund mit der Serviette abwischen.

Häufig nehmen Bulimikerinnen gleichzeitig Abführ- oder
Entwässerungsmittel ein, um damit zusätzlich das letzte bisschen Nahrung so schnell wie möglich aus dem Körper zu transportieren. Junge Mädchen durchstöbern den Medikamentenschrank der Eltern oder kaufen rezeptfreie Präparate in
Drogeriemärkten. Dann wieder treten Phasen ein, in denen sie
sich nicht übergeben. Sie versuchen, ihr Gewicht durch strenge
Diäten zu halten. Diät- und Fress-Brech-Phasen sind – im Gegensatz zu dem Essverhalten Magersüchtiger – Auswüchse in
einem sonst eher normalen Leben.

Viele bulimische Jugendliche waren früher dicke Kinder, die
eine panische Angst davor haben, wieder zuzunehmen. Sie sind
besessen von dem Gedanken, jetzt endlich und für immer
schlank zu bleiben. Anfangs glauben sie, mit dem »einfach den
Finger in den Hals stecken« einen perfekten Weg für das Abneh-

men gefunden zu haben. Ein »toller Trick«, der unter Mädchen heiß diskutiert und sich gegenseitig empfohlen wird.

Sie wiegen sich mehrmals am Tag. Das Gewicht auf der Waage, die Sorge um die Figur beherrschen ihre Gedanken und Stimmungen. Die Waage entscheidet über gute oder schlechte Laune: Wenn sie zugenommen haben, verfallen sie in große Traurigkeit, sind mürrisch und übel gelaunt. Haben sie dagegen abgenommen, versetzt sie das in eine euphorische Glücksstimmung.

Generell haben sowohl Magersüchtige wie auch Bulimikerinnen Angst vor dem Essen. Sie wissen genau, wie viel Kalorien ein Apfel, Magerjoghurt oder Knäckebrot haben. Sie verzichten auf Dressing zum Salat und bevorzugen Lightprodukte. Jedes Lebensmittel wird »durchgerechnet«, gewogen und auf Fett- und Zuckergehalt hin akribisch durchleuchtet. Sie essen wenig, aber wissen viel über Essen und Nahrungsmittel.

Unter jungen Mädchen herrscht große Konkurrenz um das Gewicht. Sie vergleichen den Umfang der Oberschenkel, prahlen mit kleinen Kleidergrößen und verachten »die Dicke mit dem fetten Arsch«. Wer dünn ist, hat Neider und bekommt Zuspruch: »Super, wie du wieder abgenommen hast!«

Oft ist eine Diät der Einstieg in eine Essstörung. Frauen, die regelmäßig Diäten machen (jede zweite hat heute mindestens einmal eine Diät ausprobiert), sind anfälliger für Bulimie. Das hat jedenfalls eine wissenschaftliche Studie aus den USA ergeben. Natürlich ist eine Diät allenfalls ein Mosaikstein im komplexen Krankheitsbild. Weit wesentlicher sind psychische Faktoren, die familiäre Situation oder der Umbruch in der Pubertät, der speziell Mädchen häufig in eine Krise stürzt.

Im Gegensatz zu dicken Kindern, die ihre Pfunde und damit ihre Sucht möglichst schnell loswerden wollen, haben Bulimiekranke noch ein zusätzliches Problem: Selbst wenn sie den Entschluss gefasst haben, ihre Ess-Brech-Sucht zu bekämpfen, wollen sie gleichzeitig um Himmels Willen nicht zunehmen. Da das Abnehmen eine Folge des Suchtverhaltens ist, wird das Gewicht-Halten ein schwieriges Unterfangen. Therapeuten haben beobachtet, dass die Kinder und Jugendlichen heimlich versuchen, trotz Therapie nicht zuzunehmen.

Und wenn sie zunehmen, ist die Gefahr für einen Rückfall besonders groß: Die anderen beobachten sie schließlich mit Argusaugen (»Sag mal, bist du dicker geworden ...?«). Da »dicker werden« nicht dem gängigen Schönheitsideal entspricht, flieht man schnell wieder zurück in die Sucht. »Alkoholiker und Raucher gelten als Proleten und werden verachtet«, sagt ein bulimiekrankes 14-jähriges Mädchen. »Aber Dünne sind voll cool und wollen nicht zunehmen. Da kommt man nur schwer von seinen alten Angewohnheiten los.« Essen wird zum Balanceakt und gerade in Stress-Situationen (Trennung vom Freund, Streit mit den Eltern oder bei Schulproblemen) bricht die Sucht häufig wieder aus.

Essen ist das zentrale Thema ihres Lebens: Es beherrscht ihre Gedanken, bestimmt ihre Launen und ist ständiger Gesprächsstoff. Wie viel, was und wann man isst wird extrem problematisiert und geradezu »wissenschaftlich« behandelt. »Wenn ich Käse mit 14 Gramm Fett in der Trockenmasse gegessen habe, hab ich anschließend ganz besonders auf Fett in Lebensmitteln geachtet«, beschreibt ein 13-jähriges Mädchen seine »Rechnerei«. Jede Lust am Essen, Spaß an gemeinsamen Mahlzeiten und Spontaneität beim Annehmen von Einladungen (»Komm doch zu uns: Meine Mutter hat Waffeln gebacken.«) wird dem »bewussten« Essen geopfert.

Auslöser für das Verweigern von Essen ist nicht nur das Diktat der Mode und der Schlankheitswahn. Dadurch wird das Verhalten zwar verstärkt und unterstützt, aber meistens stecken schwere psychische Störungen hinter der Erkrankung. Amerikanische Wissenschaftler der University of North Dakota konnten durch Untersuchungen an Bulimie-Patientinnen nachweisen, dass ein Drittel der Frauen in ihrer Kindheit sexuell missbraucht wurde. Es ist nicht schwer, sich vorzustellen, dass gerade diese Mädchen keinen weiblichen Körper wollen. Sie hassen alle fraulichen Attribute wie Busen, Hüften und Hintern und versuchen, diese wegzuhungern. Unbewusst hungern sie sich unsichtbar, damit der Täter sie nicht mehr sehen kann (oder unattraktiv findet). Gleichzeitig quälen sie ihren Körper auch, weil sie ihn hassen. Sie fühlen sich beschmutzt, erniedrigt und gedemütigt. Oft haben diese Kinder sogar Schuldgefühle (zum Beispiel gegenüber der Mutter).

Natürlich spielen bei Magersucht und Bulimie nicht in allen Fällen derart traumatische Erlebnisse eine Rolle. Viel häufiger kommen die Kinder und Jugendlichen aus perfekten Mittelstandsfamilien mit hohen moralischen Ansprüchen und Wertvorstellungen. Sicher lässt sich auch hier nichts verallgemeinern, aber es gibt Muster, die immer wiederkehren: Es sind meist Kinder aus »vernünftigen«, eher emotional unterkühlten Familien. Man fällt nicht aus dem Rahmen, ist beherrscht und spielt seine Rolle. Emotionen sind verpönt oder werden nur sehr kanalisiert zugestanden. Konflikte werden allenfalls besprochen und diskutiert, aber nie emotional ausgelebt (zum Beispiel mit Tränen), was häufig als Schwäche hingestellt wird. Alle Familienmitglieder funktionieren und regeln anfallende Probleme vernünftig und sachlich. Die Rollen sind häufig klar verteilt, obwohl das »Wir-Gefühl« über alles geht und den Kindern kaum eigenen Raum lässt: Weder für eigene Gedanken und Träume (man ist nicht flippig, sondern steht mit beiden Beinen fest auf dem Boden), noch im

Wortsinne. Da gehen Vater oder Mutter beispielsweise ins Bad, wenn die Tochter gerade auf der Toilette ist. Kinder, speziell Mädchen in der Pubertät, empfinden das als Verletzung ihrer Intimsphäre. Was mit sechs noch kein Problem war, ist dem Mädchen mit zwölf Jahren plötzlich unangenehm! Kinder fangen in der Pubertät an, sich zu schämen. Das »Aber wir sind doch eine Familie«-Gerede hilft ihnen nicht darüber hinweg, dass der Vater von dem Mädchen plötzlich auch als »Mann« gesehen wird.

Häufig machen gerade »perfekte« Eltern ihren Kindern das Leben schwer. »Sie sind so unerreichbar. So super, dass ich kotzen könnte«, sagt eine 16-jährige Bulimiekranke. »Ich hab mich im Vergleich mit ihnen immer unzureichend gefühlt. Ich war nie perfekt, nie gut genug. Sie sind so sozial engagiert, helfen einer Aussiedlerfamilie und arbeiten ehrenamtlich für die Kirche«, umschreibt ein Mädchen die Situation in der Familie. Es konnte nicht verkörpern, was von ihm gefordert wurde. Dabei hatten die Eltern nie ein Wort gesagt, dem Kind wurde unterschwellig zu verstehen gegeben, dass es »gut« sein sollte. Die einzige Möglichkeit der Kinder, »Nein« zu sagen und dieser »Harmonie« die Stirn zu zeigen: Sie weigern sich, zu essen!

Magersüchtige und bulimiekranke Kinder und Jugendliche hungern nach Anerkennung und Liebe. Sie sind extrem unsicher, stellen im Stillen große Anforderungen an sich selbst und haben gleichzeitig ein falsches, verzerrtes Selbstbild. Sie sind oft extrem angepasst und ordnen sich schnell unter.

Nicht essen zu können kann eine ganz normale Antwort auf eine Krise sein. Nicht umsonst sagt man: »Das ist mir auf den Magen geschlagen!« Aber spätestens wenn die Krise überwunden ist, sollte wieder ein normales Essverhalten einsetzen. Ist das nicht der Fall, hilft oft nur Unterstützung von außen.

Drei Monate vor ihrem Unfalltod hielt Lady Di einen Vortrag vor essgestörten jungen Frauen in der Londoner Roehampton Klinik: »Ich war so unglücklich, dass meine Bulimie immer schlimmer wurde. Heute habe ich die Krankheit besiegt. Ich wachte eines Morgens auf und sagte mir: Ich habe genug davon, dass mich jeder wie Dreck behandelt. Und ich beschloss, etwas zu tun.« Diese Entschlossenheit ist für den Heilungsprozess extrem wichtig.

Anna (16): Ich wollte es allen recht machen

Anna wiegt bei einer Größe von 167 Zentimetern nur 39 Kilo. Sie ist seit zwei Jahren magersüchtig. Wenn die anderen Mädchen in der Klasse vom Abnehmen reden, heißt es immer: »Ich möchte so schön dünn wie Anna sein! Wie macht sie das bloß ...?«

Anna genießt die Bewunderung der Mitschülerinnen, obwohl sie vorgibt, »dass das Äußere doch nebensächlich ist«. Ihre fragile Figur ist das einzige Statussymbol, das sie beim harten Schönheitswettbewerb der Mädels einbringen kann. Mit gängigen Markenklamotten wie Diesel-Jeans und Timberlands kann sie nicht aufwarten. Die Eltern sind entschiedene Gegner des Konsumterrors und Anne trägt brav das WWF-T-Shirt mit dem Pandabären und die so gesunden, aber insgeheim mit schlechtem Gewissen verhassten Birkenstock-Sandalen. Anna ist vernünftig und würde sich nie eingestehen, dass sie das langweilige alternative Outfit eigentlich nicht mag. Sie fühlt sich zwar als Außenseiterin, aber sie hat ja ihre tolle Figur.

Wenn die »dummen Girlies« ihrer Klasse mit blau lackierten Fußnägeln und bauchfreien Hemdchen aufkreuzen, von den Beasty-Boys und der letzten Party mit Housemusik, Rave und ihren Plänen für die nächste Loveparade in Berlin schwärmen, spürt sie nur manchmal einen Anflug von Neid. Eigentlich ist Anna genervt, weil die anderen so »oberflächlich« sind. Sie ist die Gute, die Pflichtbewusste! Und sie reagiert cool auf dumme Bemerkungen über ihre Kleidung – »da kommt die wandelnde Altkleidersammlung ...« – und versucht, sich mit moralischen Bemerkungen aufzuwerten. Doch ihr Selbstbewusstsein ist in Wahrheit nicht besonders ausgeprägt. Sie gibt sich zwar immer sehr zielstrebig und leistungsorientiert, aber hat große Angst zu versagen. Einerseits fühlt sich Anna von der Klasse isoliert und abgekapselt, anderseits versucht sie dauernd, die anderen zu bekehren: »Ihr seid doch alle leichte Beute für die Kohlemacher der Industrie und blöd genug, hinter den Boy-Groups herzujaulen – die machen mit eurer Doofheit Milliarden.« Anna ist nicht beliebt in der Klasse: Sie gilt als moralische Streberin und Spielverderberin. Ihre Noten liegen weit über dem Durchschnitt, sie ist Klassenbeste, was der Vater mit einem knappen »gut so« kommentiert. Dass Anna vor Klassenarbeiten zittert und Angst hat, zu versagen, ahnt niemand. Nach außen wirkt sie immer souverän.

Ihre Einstellung und die Argumente hat sie von den Eltern übernommen. Sie gibt Sätze wieder, die sie seit Kindertagen ständig hört und von deren Inhalt sie selbstverständlich überzeugt ist. Und sie hat sehr hohe Ansprüche an sich: Sie will etwas für das Gemeinwohl tun, für die Schwachen in der Gesellschaft da sein. Dabei führt sie einen einsamen Kampf gegen die »Ignoranz der dummen Girlies«, die sich über »Öko-Anna« amüsierten und weiter ihren Spaß haben wollen. Mit ihrem überhöhten Anspruch steht Anna in der Klasse ziemlich allein da. Aber wie sagt der Vater morgens zum Abschied so schön: »Kämpf gut, Kleines.«

An guten Tagen fühlt sich Anna stark, kommt richtig in Fahrt und predigt mutig Verzicht: Sie verteilt Infobroschüren über die

Gefahren durch das Ozonloch oder wirbt für den Einsatz der »Ärzte ohne Grenzen« in Afrika. Wenn sie sich schwach und wie ausgelaugt fühlt, schweigt Anna und kriecht, von allen unbemerkt, in ihr Schneckenhaus.

Anna kommt aus einer nach außen intakten, glücklichen Familie: Der Vater ist ein angesehener Oberstudienrat, die Mutter hat Forstwirtschaft studiert und ist sehr naturverbunden. Anna liebt und bewundert ihre Mutter, übernimmt jede Eigenart, kopiert Gesten und Gesichtsausdrücke, ihre Art und Weise zu reden. Sie imitierte ihre Mutter schon als ganz kleines Mädchen. Der Vater sagt immer häufiger: »Du bist schon wie Christa.« Mutter und Tochter sind wie zwei »Freundinnen« (wie die Mutter immer betont). Ganz eng, ganz intim.

Zu dritt leben sie mit Golden Retriever Dingo und Kater Jimmy in einem großen Haus am Stadtrand. Man hat zwar ererbtes Geld, empfindet es aber als unmoralisch, wohlhabend zu sein. Deshalb ist der Lebensstil der Familie nach außen eher bescheiden: Das Auto wurde abgeschafft (dafür stehen Räder in der Garage) und in den Ferien fliegt man nicht nach Spanien, sondern radelt durchs Sauerland.

Man lebt bewusst: Das Wasser wird von einer Photovoltaik-Anlage auf dem Dach erwärmt, das Gemüse im Garten ist nicht gespritzt und auf den Tisch kommen Lebensmittel aus biologischem Anbau. Man isst nur wenig Fleisch und wenn überhaupt, dann wird es vom Landwirt des Öko-Hofes aus der Nachbarschaft geliefert – um »tierquälerische Viehtransporte nicht noch zu unterstützen«.

Bei Tisch wird viel von »gesundem Essen« geredet. Nahrung wurde stets auch ideologisch betrachtet und bewertet: Es gab keine importierten exotischen Früchte, denn das »unterstützt die Ausbeutung der Plantagenarbeiter in Südamerika«. Weißbrot wurde geächtet, Fertiggerichte und Fast Food waren der kleinen Anna so gut wie unbekannt. Die Familie aß keine Eier von »KZ-Hühnern«, kein hormonbehandeltes Fleisch und kein Gemüse aus dem Treibhaus. Als die Zeitungen über gentechnisch veränderte Sojabohnen berichteten, wurden Sojaprodukte wie Milch, Sprossen und Käse sofort vom Speiseplan gestrichen. »Wir waren alle gegen Gentechnik«, sagt Anna. Essen wurde in der Familie generell wie ein »Problem« behandelt. »Ich dachte als kleines Mädchen immer, ich trinke den Kälbchen die Milch weg.« Anna hatte schon als kleines Kind ein schwieriges und befangenes Verhältnis zum Essen. Außerdem litt sie unter diversen Ängsten: »Ich war bei der Reaktorkatastrophe von Tschernobyl zwar noch klein, aber verstand schon alles. Damals bekam ich Angst, als meine Mutter mir keine Milch gab – wegen Jod 131 und Cäsium 137.«

Heute hat Anna panische Angst vor Pestiziden und Giften, die »überall versteckt lauern«. Der Satz »man kann wirklich bald nichts mehr essen« prägte sich früh bei ihr ein. Als sie mit sechs Jahren bei einer Freundin einmal mit Genuss drei Schokoriegel aß, fühlte sie sich hinterher » fast vergiftet« und schuldig.

Bei Gesprächen über Umweltprobleme kann sie mitreden. Und sie hat früh gelernt: Man muss verzichten! Spaß und Lust sind irgendwie unmoralisch. Eigene Bedürfnisse müssen hinten anstehen. Nur wer sich zurücknimmt, richtet auf der Erde nicht noch mehr Schaden an. Das predigt Anna auch unablässig in der Schule. Außerdem organisiert sie Projekttage, lädt Anti-AKW-Gruppen zu Vorträgen und wollte ein Forum gegen Gentechnik gründen.

Die Eltern sind sozial engagiert: Beide arbeiten in einer Dritte-Welt-Gruppe. Der Vater hat an seiner Schule ein Projekt für einkommensschwache Familien ins Leben gerufen. Die Mutter veranstaltet Flohmärkte und spendet die Einnahmen aus den

Garagenverkäufen dann für die Obdachlosenhilfe der nahen Großstadt.

Das Haus am Stadtrand war stets eine Insel der Moral, das Wir-Gefühl in der Familie oberstes Gebot: Wir trennen Müll, wir essen Biokost, wir protestieren gegen Atomkraft, wir lieben Tiere. Wir gegen den Rest der Welt! Da gab es für Anna kein Entrinnen, keinen Freiraum und pflichtbewusst hat sie »mitgezogen«. All das Gute wurde zwar nie besonders herausgestellt, aber unterschwellig klang mit an, dass man doch etwas »Besseres« ist. »Die Anderen« fahren zu oft Auto, konsumieren, schaden der Umwelt, rauchen und leben ungesund.

Eltern mit derart überzogenen Ansprüchen sind oft selbst unsicher. Aus diesem Grund müssen sie sich an strenge Regeln halten. Und so wird alles an den vorgegebenen Werten gemessen, und andere Menschen werden danach beurteilt. Die Einheit der Familie lässt keinen Raum für Individualität. Abweichungen verstoßen gegen das ungeschriebene Familiengesetz. In diesem Klima gedeihen Schuldgefühle besonders prächtig.

Von »den Anderen« hat sich Anna dann auch früh abgegrenzt. Sie eiferte dem hohen Anspruch nach und hatte doch ständig das bittere Gefühl, dass sie hinter den Eltern herhinkt. Unzufrieden sagte sie damals: »Ich müsste noch mehr machen ...« Ihre wahren Sehnsüchte und Wünsche, zum Beispiel mit den anderen an der Loveparade in Berlin teilzunehmen, verdrängte sie völlig. Opposition gegen die Eltern war nicht angesagt. Und wenn sie sich im Stillen gegen das Wir-Gefühl auflehnte, verspürte Anna sofort eine gewisse Schuld.

Loveparade? Nein! Die Freizeit der Familie wurde »sinnvoll« ausgefüllt: Man traf sich zum Fastenwandern mit Freunden, während die Klassenkameraden Grillabende feierten. Am Wochenende probierte Anna mit ihrer geliebten Mutter allerlei Entspannungs- und Meditationstechniken aus. Sie las nur

Bücher, aus denen sie was lernen konnte. Comics und Unterhaltungsmagazine empfand sie als Zeitverschwendung. Auch ins Kino ging sie nur, wenn »was Anspruchsvolles lief, Dokumentarfilme und so«. Sie geizte sich selbst gegenüber mit Spaß und Vergnügen, die Freizeit wollte sie nützlich verbringen. »Ich war nie richtig glücklich – aber auch nie unglücklich«, erinnert sie sich.

Das änderte sich schlagartig, als der Vater das »Wir-Gefühl« zerstörte: Er hatte sich in eine Kollegin verliebt. Die scheinbare Idylle der Familie zerbrach in wenigen Wochen. Mit den Worten: »Alles hat seine Zeit – auch die Liebe, Kleines«, eröffnete der Vater damals ernst das Gespräch – dann brauste er im Sportwagen der neuen Frau vom Hof. Anna fand das schlicht geschmacklos und war entsetzt.

Der Umgang der Eltern war danach sachlich und scheinbar emotionslos. Anna spürte die Verzweiflung ihrer Mutter genau, aber diese verhielt sich beherrscht und gefasst. Ihre geliebte Mutter, wie konnte der Vater ihr das antun?

Es fiel kein böses Wort, es gab keinen richtigen Streit – die Ehe wurde abgewickelt. Der Vater zog kurze Zeit später zur Freundin in die Stadtwohnung, die Mutter flüchtete sich in asiatische Techniken zur Erweiterung des Bewusstseins und klammerte sich an Anna.

Wie gut Anna die Mutter verstehen konnte: Sie war immer so selbstlos gewesen, hat stets an andere gedacht, sich aufgeopfert und für die Familie trotz der tollen Ausbildung auf eine Berufstätigkeit verzichtet. Dann verliebt sich der Vater in diese »eitle dumme Kuh«, die der Mutter bei weitem nicht das Wasser reichen kann. Eine Egoistin, die in einer teuren Stadtwohnung residiert, wie ein Model Designer-Klamotten trägt, im Luxus schwimmt und sogar einen Sportwagen fährt. Für Anna ist das Verrat an der Familie und der guten Sache. Seit er das Haus verlassen hat, fühlt sich Anna für die Mutter verantwortlich. Sie stellt ihre eigenen Bedürfnisse jetzt völlig zurück: Die Tochter glaubt, in Zeiten wie diesen für die Mutter da sein zu müssen. Annas Neigung zur Selbstaufopferung führt geradewegs in die Askese – und zur Magersucht!

Das ist jetzt zwei Jahre her. Anna fing damals an, sehr kontrolliert zu essen. Das Hungern lenkte sie von all den Problemen, vom Trennungsschmerz, der Enttäuschung und Trauer ab. Sie hatte nur noch das Hungern im Kopf – für andere Dinge war plötzlich kein Platz mehr. Mit der Verbissenheit, mit der sie früher für die Schule gelernt und an Demos teilgenommen hatte, hungerte sie jetzt. Der Bruch der Ehe, der Verlust der Ideale hat ihre Welt total durcheinandergebracht. Alles, woran sie einmal geglaubt hatte, war plötzlich in Frage gestellt. Sie war extrem unsicher und einsam, sehnte sich nach Ordnung und Geborgenheit.

»Essen war das Einzige, was ich überhaupt kontrollieren konnte« sagt sie heute. Das Hungergefühl war ihr einziger Vertrauter, ein Freund geworden. Sie hungerte sich in Euphorie. Und darin war sie perfekt. Sie erlaubte sich morgens ein trockenes Brötchen (80 Kalorien), einen Magermilchjoghurt (60 Kalorien) und trank etwa zwei Liter Wasser zum Frühstück. Mit einer Banane (90 Kalorien) überbrückte sie das Mittagessen. Abends gab es nur Salat – ohne Dressing, ohne Öl.

In nur fünf Monaten magerte Anna von 50 auf 42 Kilo ab, schließlich wog sie nur noch 39 Kilo. »Aber ich fand mich immer noch zu dick.« Sie joggte ums Haus, radelte mit angezogener Handbremse zur Schule und trug daheim Gewichtsmanschetten an den Fußgelenken, um die Beinmuskulatur zu trainieren. Und noch mehr Kalorien zu verbrennen. Das war zur fixen Idee geworden. Gleich nach dem Aufstehen stellte sie sich auf die Waage, dann ging sie auf die Toilette und wog sich anschließend wieder in der irren Hoffnung, dass der Digitalanzeiger jetzt eine niedrigere Kilozahl anzeigen würde.

Von ihrem Taschengeld kaufte sie eine präzise Küchenwaage, um die Lebensmittel besser »beurteilen« zu können. Sie litt unter panischer Angst vor dem Dickwerden, aber sie hatte Hunger. Also teilte sie ein Knäckebrot in drei gleich große Stücke, wog jedes einzelne Teil und berechnete die Kalorienzahl. Die Stückchen teilte sie auf drei Mahlzeiten auf, kaute sie gut durch und überbrückte so die Stunden bis zur Mandarine am Mittag.

Alles in Annas Leben drehte sich um Essen, Nicht-Essen, das Wiegen, Abnehmen und Essen. Sie las Kochbücher und versprach der Mutter, die tollsten Gerichte zu kochen. Sie fing sogar an, die Mutter zu füttern, um selbst nicht essen zu müssen. »Ich hab gebacken und gebrutzelt, damit Christa nicht mehr traurig ist und isst ...« Dieses Verhalten ist bei Magersüchtigen häufig zu beobachten: Sie nötigen andere Menschen zum Essen. Sie reden ständig über Lebensmittel, haben aber geradezu panische Angst vor jedem Bissen. Wie ein Zombie schlich Anna durch die Supermärkte, berauschte sich am Angebot, roch sich satt und verließ den Laden dann mit zwei Kiwis. Ihre Fressorgien fanden nur im Kopf statt.

Die Mahlzeiten mit der Mutter waren »Gott sei Dank« selten geworden. Sie war häufig auf Seminaren, lenkte sich durch ihr Engagement ab und war stark eingespannt. Wenn beide dann am Tisch saßen, log Anna: »Ich hab schon in der Schule gegessen. Nicht böse sein, ich bin nicht hungrig.« Gleichzeitig litt sie unter Anfällen von Heißhunger und »irrem Appetit«. Jeden Verzicht, jede Überwindung des Hungers wertete sie als Leistung. Sie hatte Angst, die Kontrolle zu verlieren. Wenn die Mutter darauf bestand, dass sie wenigstens »ein bisschen« probieren solle, schob sie das Essen auf dem Teller von einer Ecke in die

andere, versteckte Tofustückchen unter Salatblättern oder fütterte heimlich den Hund.

Um Ausreden war Anna nicht verlegen. Sie erfand die selt-
samsten Geschichten, um nicht essen zu müssen. Endlich hatte
sie ein Gebiet gefunden, auf dem sie perfekt war: Das Abnehmen. Die Perfektion, die sie bei ihrem Engagement für Mensch
und Umwelt an sich selbst angezweifelt hat (»Was konnte ich
schon tun ...?«), lebte sie nun mit aller Härte gegen den eigenen
Körper aus. Die Kontrolle gab ihr ein Gefühl der Macht.

Michael Sacks, Professor für Psychiatrie am Cornell Medical
College in den USA, kennt den Wunsch der Patienten nach
Kontrolle: »Sie spüren, dass sie die Vorgänge der Welt nicht steuern können. Aber sie können kontrollieren, wie viel sie essen
und wie lange sie joggen«, sagte er einmal in einem Vortrag.
Anna stimmt zu: »Das Einzige, was ich in meinem Leben perfekt
beherrschte, war hungern und abnehmen!«

Nur einmal geschah etwas »Schreckliches«: Anna gab dem
Hunger nach! Sie verschlang ein halbes Brot, Käse, stopfte
unkontrolliert Obst, Gemüse und Joghurt in sich hinein – um
anschließend sofort zu brechen. Sie litt unter dem Kontrollver-
lust, schämte sich entsetzlich. »Ich sah die Kinder in Somalia vor
mir, mit ihren großen Augen ...« Das durfte nicht wieder pas-
sieren. Das schlechte Gewissen machte sie krank. Tagelang lag
Anna im Bett und sprach kaum ein Wort. Die Mutter dachte, sie
hätte sich den Magen verdorben und verdrängte, wie schlecht
ihre Tochter aussah. Sie war zu sehr in ihre eigenen Probleme
verstrickt. Die stummen Hilfeschreie von Anna hörten beide
Eltern nicht.

Niemand ahnte, dass Anna das Nicht-Essen und Abmagern
unbewusst eingesetzt hatte, um die kaputte Ehe der Eltern zu
kitten. Therapeuten wissen, dass Kinder Sorgen erzeugen, um
Paare wieder zusammenzuführen. Hinzu kommt die Sehnsucht

nach vergangenen Kindertagen, die in der Pubertät unwiederbringlich vorüber sind. All das war Anna nicht bewusst. Als »Retter« der Ehe kämpfte sie mit vollem Körpereinsatz: Seht nur, wie mager ich bin, wie schlecht es mir geht! Liebt mich! Kümmert euch um mich ...!

Die Eltern konnten zwar irgendwann nicht mehr übersehen, dass Anna krankhaft dünn war, aber sie waren zu diesem Zeitpunkt nur mit sich selbst beschäftigt. Der Vater kam am Wochenende nach Hause und meinte nur: »Du siehst ja aus wie ein Röntgenbild, Anna.« Dass das Mädchen bereits seit Wochen ihre Schuhe mit Lammfelleinlagen auspolsterte, weil die abgemagerten Füße bei jedem Schritt schmerzen, nahm niemand wahr. Auch dass Anna plötzlich harte Stühle mied, brachten beide nicht mit Schmerzen in Verbindung. Damals konnte Anna nicht mehr sitzen, weil ihre blanken Knochen auf dem Holz scheuerten. Einmal sah die Mutter ihr Kind in der Badewanne. Ihr einziger Kommentar war: »Du bist aber auch dünn geworden, Anna ...!«

Anna empfand sich jedoch als viel zu dick. Wenn sie ihr Spiegelbild betrachtete, entdeckte sie Fett: An Oberschenkeln, dem Bauch und im Gesicht. Sie wollte noch dünner sein. Es machte fast den Eindruck, als wolle sie sich »verdünnisieren«.

In der Schule konnte Anna, die Perfektionistin, sich nicht mehr konzentrieren. Ihr Freund Peter zog sich zurück: »Du bist abstoßend mager«, sagte er eines Tages. »Das ist ja krank.« Aber Anna fühlte sich nicht krank. Sie fühlte sich dick – und wollte unbedingt noch mehr abnehmen. Allmählich zogen sich alle Schulkameraden von ihr zurück. Sie mochten Anna nie besonders, aber jetzt fanden sie sie außerdem abstoßend hässlich und konnten ihren Anblick nicht ertragen.

Anna war schrecklich allein, aber auch extrem beschäftigt mit ihrer Angst, dicker zu werden. Der Hunger war ihr einziger

Freund geworden: Ihm verdankte sie jeden Triumph über den Trieb, etwas zu essen. Hunger machte sie glücklich.

Dann fing Annas Körper an, immer heftiger zu rebellieren: Die Monatsblutungen setzten aus, sie verlor ihre Haare büschelweise, konnte kein Sonnenlicht mehr ertragen und zuckte beim leisesten Geräusch erschreckt zusammen. Einmal machte sie sich versehentlich in die Hose, weil die Muskulatur schon erschlafft war. Eines Tages brach sie im Sportunterricht während des Volleyballspiels zusammen.

Der Arzt im Krankenhaus machte den Eltern schwere Vorwürfe: »Haben Sie denn nicht gesehen, wie dünn Ihre Anna ist?« fragte er entsetzt. Da erst begriffen die Eltern den Ernst der Lage. Anna wog damals gerade noch 35 Kilo. Der Arzt meinte: »Ohne professionelle Hilfe gibt es keine Heilung!« Anna konnte zwar nach einem kurzen Aufenthalt aus dem Krankenhaus der Stadt entlassen werden, aber der Chefarzt empfahl den Eltern dringend, das Mädchen in einer Spezialklinik gegen ihre Essstörung behandeln zu lassen. Dort erfuhr Anna, wie schlimm es bereits um sie stand. Die Therapeuten waren gnadenlos. Sie sagten ihr: »Entweder du isst oder du stirbst ...« Gleichzeitig versuchten die Therapeuten, mit dem Mädchen die Ursachen aufzudecken und zu lösen.

In der Klinik lernte Anna andere magersüchtige Mädchen kennen. Einige mussten über Magensonden künstlich ernährt werden. Der Anblick war für sie ein heilsamer Schock. Sie begriff, wie krank sie war und auch, wie gefährlich diese Krankheit sein konnte.

Sie wusste, dass ihr ein langer Weg bevorstand, an dessen Ende sie auch heute noch nicht angekommen ist. Die Therapeuten haben sie gewarnt: Krisenzeiten werden auch in Zukunft möglicherweise Rückfallzeiten sein.

Anna wurde aufgepäppelt, nahm sieben Kilo zu und wird nach mehrwöchigem Aufenthalt in der Klinik jetzt ambulant psychotherapeutisch weiterbehandelt. Familientherapeuten versuchen, gemeinsam mit den Eltern zu arbeiten, was sich sehr schwierig gestaltet.

Das Mädchen hat sich für eine gewisse Zeit von beiden getrennt und lebt in einer Wohngemeinschaft. Zusätzlich hat Anna Halt in einer Selbsthilfegruppe gefunden. Sie sagt: »Ich will leben ...«. Für ihre Therapeuten ist diese Entscheidung ein wichtiger Schritt!

Alexandra (17): Ich wär so gerne Kind geblieben

Alexandra wiegt bei einer Größe von 168 Zentimetern 45 Kilo und will auf keinen Fall auch nur ein Gramm zunehmen.

Es war im Frühsommer, zwei Tage vor ihrem 13. Geburtstag: Alexandra radelte im kurzen Röckchen zum Kiosk, um die »Bravo« zu kaufen. »Da standen ein paar dumme Kerle und glotzten«, erinnert sie sich. Sie registrierte damals sofort: »Die guckten irgendwie anders als sonst. Sie starrten auf meine Beine, meinen Po und nach oben. Dabei grinsten sie so lüstern und pfiffen.« Alexandra fühlte sich sofort beschmutzt und ist tiefrot geworden. Die Männer haben gelacht und einer hat gesagt: »Guck dir mal die kleinen Knospen an, die möcht ich auch mal ...!« Alexandra war das alles furchtbar peinlich. Ab diesem Tag wollte sie eins auf keinen Fall: Eine Frau werden!

Dabei spielte nicht nur die aufkeimende Sexualität, die Veränderung des Äußeren eine Rolle. Kinder haben in dieser Lebensphase eine diffuse Angst vor dem Verlust der Eltern. Sie ahnen das Ende der Kindheit, den bevorstehenden Ablösungsprozess. Trennungsängste – von den Eltern und allem Gewohnten – werden wach. Das Neue ist noch nicht greifbar: Sie sind zutiefst verunsichert.

Zu Hause wurde das Mädchen – wie viele in diesem Alter – eher geschlechtslos behandelt. Die Eltern mieden das Thema Sexualität, ignorierten die körperlichen Veränderungen und gingen mit Alexandra, die sie Lexi nannten, weiterhin um wie mit einem kleinen Kind. Auch sie wollen unbewusst nicht loslassen.

Über Befindlichkeiten körperlicher oder psychischer Art wurde in der Familie nie viel geredet. Der Vater, ein Computerfachmann und Technikfreak, ist sachlich und eher wortkarg. Die Mutter lebt ihre Hausfrauenrolle. Als Alexandra ihre erste Regel bekam, gab ihr die Mutter Binden und sagte lapidar: »Die musst du jetzt in dein Höschen kleben, wenn du blutest.« Alexandra genierte sich.

Diese Gefühle der Unsicherheit und der Scham wurden in den nächsten Wochen noch schlimmer. »Mein Haarwuchs unterm Arm und weiter unten war mir widerlich«, sagt sie. »Ich war über mich entsetzt – mein Körper war mir fremd geworden.« Die wachsenden Brüste, »die anschwollen und so ekelig groß wurden«, verbarg sie unter weiten Pullovern. Sie weigerte sich, am Sportunterricht teilzunehmen, weil beim Laufen und Springen die Brüste »so wackelten«. Besonders vor den Jungen in der Klasse hat sie sich entsetzlich geschämt. Doch manchmal genoss sie die verstohlenen Blicke der Jungen mit einer gewissen Lust und romantischen Tagträumen – dafür schämte sie sich dann hinterher ganz besonders. Sie war kein richtiges Kind mehr – aber was war sie?

In der Pubertät wurde Alexandra richtig pummelig. Sie merkte, dass sie auch am Po, den Hüften und Oberschenkeln unablässig zunahm und beschloss, etwas dagegen zu tun: Sie weigerte sich, normal zu essen! Wissenschaftlern der Deutschen

Gesellschaft für Psychiatrie, Psychotherapie und Nervenheilkunde ist dieses Verhalten durchaus geläufig: In Extremfällen versuchen Mädchen, sich ihre weiblichen Geschlechtsmerkmale abzuhungern. Sie wollen lieber männlich wirken, hadern unbewusst mit ihrer neuen Rolle als Frau und steuern im schlimmsten Fall geradewegs in eine Essstörung.

Aus der eher unauffälligen, braven kleinen Alexandra wurde plötzlich eine »Zicke« (wie der Vater sie damals nannte). Sie schloss sich im Bad ein, damit die Eltern sie nicht mehr nackt sehen konnten. Sie wollte von ihnen (speziell vom Vater) nicht mehr geküsst und umarmt werden und reagierte auch auf jede lieb gemeinte Bemerkung über ihren Körper – »du bist ja ein richtig niedliches kleines Frauchen ...« – geradezu hysterisch. Jede Intimität war ihr zuwider.

Als Kind liebte sie Nudeln, Wurstbrote und Pizza. Sie aß stets, was auf den Tisch kam und meckerte selten über das Essen. In der Pubertät wurde sie schlagartig eitel und fand sich plötzlich »viel zu fett«. Ihre Figur war zentrales Gesprächsthema. Dann entdeckte sie in einer Modezeitschrift ein Foto von Jodie Kidd, dem Model, das alle nur »die Heuschrecke« nannten. Was die meisten für abgrundtief hässlich halten – hervorstehende Knochen, eingefallene Wangen, große Augenhöhlen – hatte Jodie zum Schönheitsideal hochstilisiert. Und genauso wollte Alexandra aussehen. Sie fing an, sich für Diäten zu interessieren und nahm recht schnell ab. Der Vater lobte sie, weil »der Babyspeck jetzt weg ist«, aber zufrieden war Alexandra mit ihrer Figur nicht. Sie wollte noch dünner werden.

»Gegen Jodie bin ich ein Sumo-Ringer«, sagte sie immer, wenn die Mutter über ihre dünnen Ärmchen jammerte und die Tochter zum Essen anhielt. Alexandra hätte am liebsten überhaupt nichts mehr gegessen. Aber das ging ja nicht, also machte sie ständig Diäten.

Mal aß sie tagelang nur Obst und Salat, dann kaufte sie von ihrem Taschengeld heimlich Trinkdiäten aus der Apotheke. Ständig zählte sie Kalorien, sogar nachts, wenn sie im Bett lag, rechnete sie ihren »Tagesverbrauch« durch und kalkulierte die Ration für den nächsten Tag. Die Eltern reagierten auf die Rechnerei einerseits belustigt, waren aber auch oft wütend, denn bei Tisch fing Alexandra an, nur noch über das Essen zu meckern. Die Mutter kochte ihrer Meinung nach völlig falsch: Viel zu fett, mit zu viel Fleisch und Kohlehydraten. Oft blieb Alexandra trotzig vor dem vollen Teller sitzen und kämpfte beharrlich um jeden Bissen, den sie nicht essen musste. Oder sie sezierte das Essen: Pulte akribisch winzige Fettstellen aus der Wurst, kratzte die Butter vom Brot und die Panade vom Schnitzel und wehrte sich vehement gegen Bratensoßen, Salatdressings und Fette aller Art.

Lebensmittel wurden in zwei Kategorien geteilt: Es gab die, die man essen konnte (wenig Kalorien) und andere, die vermieden werden mussten (viele Kalorien). Bei Tisch griff sie in die Trickkiste: Sie täuschte vor, alles brav aufgegessen zu haben, um Streit zu vermeiden. In Wirklichkeit ließ sie die Lebensmittel geschickt verschwinden. Zum Beispiel mit dem Servietten-Trick: Sie hielt sich eine Serviette vor den Mund, spuckte das Essen ins Papier und warf es hinterher in den Müll. Manchmal schaufelte sie Kartoffeln und Nudeln vom Teller zurück in die Schüssel, wenn die Mutter kurz aufgestanden war. Ihre Schulbrote landeten längst im Müll.

Dann gab es wieder Tage, an denen sie alles aß. Gierig verschlang sie Riesenportionen, verputzte anschließend Schokoriegel oder Eiscreme und ekelte sich hinterher vor ihrem »fetten, vollen Bauch«. Immer häufiger sprang sie nach dem Essen vom Tisch auf, rannte ins Bad und stellte sich auf die Waage. Einmal brach Alexandra zum großen Erstaunen der Eltern in Tränen aus, weil sie 20 Gramm mehr wog als vorher.

Essen wurde für sie zum Thema Nummer eins: Sie kaufte sich Bücher über Ernährung und diskutierte mit Freundinnen stundenlang über die Wirkung verschiedener Diäten und wer wie viel und wie abgenommen hatte. Die Mädchen wollten zu dieser Zeit schlank sein und wie Kate Moss aussehen. Sie kontrollierten mit Maßbändern den Umfang der Oberschenkel und gaben sich gegenseitig Tipps, wie durch mehr Sport noch mehr Fett abgebaut werden kann.

Alexandra reduzierte die tägliche Nahrungsaufnahme, aß kalorienarme Lebensmittel oder Lightprodukte, ersetzte Vollmilch durch Magermilch, Salami durch Geflügelwurst in Aspik und Eis durch Götterspeise. Sie war längst zur Expertin in punkto Diät geworden. Sie wusste genau, wie viel man abnimmt, wenn man am Wochenende nur frische Ananas isst oder Spargel-Erdbeer-Tage einlegt. Ganz gleich ob Saftkuren, Trennkost oder Nudeldiät – sie probierte alles aus.

Die Mutter war verzweifelt. Alexandra machte ihr das Kochen unmöglich. Sie lehnte sogar ihre Lieblingsspeise, Spaghetti mit Tomatensoße, hartnäckig ab. Dabei hatte das Mädchen oft Heißhunger auf all die Leckereien. Aber sie litt lieber vor dem vollen Teller, als zu essen. Mit eisernem Willen besiegte sie das Knurren im Magen. Jeder Verzicht bereitete ihr ein Hochgefühl. Psychologen sprechen dabei von Suchtgewinn. Verzicht war ein Sieg über den ungeliebten Körper, der perfekt und kindlich schlank bleiben sollte. Doch es gab immer wieder Niederlagen: Tage mit vollen Tellern, die von ihr leer gegessen wurden. Das waren für Alexandra unglückliche Tage, und sie nahm wieder zu. Anschließend rückte sie der Gewichtszunahme wieder mit einer neuen Diät zu Leibe.

Es war ein ewiges Hin und Her, ein ständiger Kampf gegen zu viel Kalorien, den Hunger und die Lust auf bestimmte Lebensmittel. Außerdem gab es bei Tisch jeden Tag Streit. »Du musst was essen, Kind. Du bist im Wachstum ...« Wie sie diese Sätze gehasst hatte. »Du wirst krank, Lexi«. Wie konnte die Mutter sie nur so quälen. Sah sie nicht, wie fett und hässlich sie selbst war? Wollte sie, dass Alexandra auch so dick wurde? War sie neidisch auf ihre schöne schlanke Tochter? Fragen, die ihr im Kopf herumspukten. »Ich war richtig fies zu meiner Mutter«, sagt sie. »Ich habe sie ständig beleidigt und hinterher tat es mir Leid, dass ich so gemein war.« Aber sie wollte auf keinen Fall so werden wie sie, die »keinen Bikini anziehen kann, die in Hosen einen viel zu dicken Hintern hat und ein Gesicht wie ein Vollmond.« Und wenn ihre Mutter dann meinte: »Frauen haben nun mal Hüften, Lexi«, hätte sie kotzen können.

Dann kam die Einladung zur Geburtstagsfete einer Freundin. An diesem Tag konnte sich Alexandra wieder einmal nicht beherrschen. Es gab deftige Hausmannskost: Knackige Brühwürstchen, Kartoffelsalat mit Mayonnaise, kalten Braten, kleine warme Pizzastücke, Schnittchen mit Salami und Käse. Zum Nachtisch dann jede Menge Eis mit Sahne. Wie oft hatte sie auf all die Köstlichkeiten in letzter Zeit verzichtet! Jetzt baute sie kleine Berge auf dem Teller und stopfte wahllos alles in sich hinein. Hinterher war ihr schlecht: Im Magen und vor allem im Kopf! »Ich hab mich gefühlt wie der letzte Schwächling, wie ein Versager, weil ich so unbeherrscht gegessen habe.« Außerdem schämte sie sich vor den Freundinnen: »Ich konnte mir nicht verzeihen, dass ich mich vor ihnen so gehen ließ.«

Dabei hatten die Freundinnen nichts Außergewöhnliches bemerkt: Was Alexandra für Unmengen gehalten hatte, waren lediglich etwas größere Portionen gewesen. Die anderen Mädchen wunderten sich nur, wie ein Mensch, der so viel isst, dabei so schlank bleiben kann. Immer wieder hörte sie: »Mann Lexi, wie schaffst du es nur, so schön schlank zu sein ...?« Sie bewunderten Alexandra und fragten neidisch nach ihren

Diätrezepten. Sie ahnten nicht, dass ihre Lexi meist hungrig vom Tisch aufstand (wie 80 Prozent aller Frauen in Deutschland, die sich nicht regelmäßig satt essen) und sich strengen Diätregeln unterwarf.

Essen war nur noch mit schlechtem Gewissen verbunden. Und nach der »fürchterlichen Fressorgie« auf der Geburtstagsfete macht sie sofort wieder eine strenge Diät: Sie trank drei Tage nur warmen Zitronensaft mit Ahornsirup und Paprikapulver. Es war eine fürchterliche Tortur. Später hat sie aus Angst vor Kontrollverlusten keine Einladungen zum Essen mehr angenommen.

Einige Tage nach dieser Geburtstagsfete erzählte Alexandra einer Freundin, wie ekelig sie sich nach der »Fressorgie« gefühlt hatte und wie grässlich die Drei-Tage-Diät anschließend war. Da sagte die Freundin zu ihr: »Mensch Lexi, warum kotzt du nicht einfach, wenn du gefressen hast ...?«

Daran hatte Alexandra bisher noch nicht gedacht. Klar, wenn man sich übergibt, kann man alles essen und nimmt trotzdem ab. »Ich war unheimlich dankbar für den Tipp«, sagt sie. Alexandra konnte nicht ahnen, dass dies der Anfang ihrer Leidensgeschichte und der Einstieg in die Bulimie war.

Der nächste Heißhungeranfall ließ nicht lange auf sich warten. »Ich roch den Kuchen schon auf der Straße«, erinnert sie sich. Wie in Trance ging sie damals in die Konditorei, ließ sich sechs Stückchen Torte einpacken und rannte nach Hause. Sie wusste, dass sie allein war. »Schon im Hausflur hab ich das Papier aufgerissen und die Marzipanschnitte mit den Fingern in den Mund gestopft.« In der Küche fiel sie dann über die restlichen Kuchenstücke her: Sie schlang Schwarzwälder Kirschtorte, Nusskuchen und Käsesahnetorte innerhalb weniger Minuten herunter. »Ich war wie im Rausch: Schob riesige Stücke mit beiden Händen in den Mund, kaute zwei-, dreimal und schluckte dann alles fast unzerkleinert runter.« Unmittelbar darauf durchwühlte sie den Kühlschrank nach Deftigem. Dann würgte sie Salamischeiben, Fisch aus Dosen und saure Gurken herunter. »Ich fühlte mich wie ein wildes Tier. Aber während ich alles so in mich hineinstopfte, war mir auch warm und wohl. Sekunden später fühlte ich mich dann wie ein aufgeblasener Ballon, kurz vor dem Platzen.« Rasch ging Alexandra ins Bad und beugte sich über die Toilettenschüssel, um sich zu übergeben. »Da stellte ich das erste Mal fest, dass Kotzen gar nicht so einfach ist«, sagt sie. Sie steckte den Finger in den Hals, doch der gewünschte Effekt blieb aus. Sie dachte an ekelige Dinge wie rohe Leber, Gedärme, Schweinefüße und blutende Rinderhälften, die an Haken im Schlachthaus hängen. Erst dann konnte sie sich endlich übergeben: »Ich fühlte mich extrem erleichtert, weil mein Bauch wieder leer war, aber gleichzeitig auch schuldig, schmutzig und wie eine Versagerin.« Der strenge, säuerliche Geschmack im Mund, das pelzig-trockene Gefühl auf den Zähnen, der widerliche Geruch nach Erbrochenem ekelte sie schrecklich. Sie reinigte schnell die Toilette, putzte sich die Zähne und beschloss, dass sie nie wieder absichtlich ihr Essen erbrechen würde. Dabei war nach dem ersten Mal die größte Hemmschwelle bereits überschritten.

Alexandra wollte sich künftig nach solchen Fressanfällen die Kalorien einfach abturnen. Außerdem kaufte sie heimlich Entwässerungstabletten, um wenigstens ein paar Liter zu verlieren. Appetitzügler sollten sie vor Heißhunger-Attacken schützen, und wenn sie einmal die strengen Diätregeln verletzt hatte, wollte sie mit Abführmitteln »alles schnell wieder loswerden«.

Beim nächsten Fressanfall, etwa zwei Wochen später, war es eine Familienpackung Eis, der sie nach einer Diätphase nicht widerstehen konnte. »Nachdem ich den Becher ausgelöffelt hatte, dachte ich: Jetzt ist es auch egal, jetzt kannst du weiterfressen ...« Und wieder fiel sie »wie eine Heuschrecke« über den Inhalt des Kühlschranks her. Stopfte Käse, Joghurt, Marmelade und Würstchen in sich hinein. Dann plünderte sie den Wohnzimmerschrank, vertilgte Partygebäck, Erdnüsse, alte Ostereier und Kräcker. Wieder war ihr anschließend übel und wieder ging sie auf die Toilette, um die Lebensmittel zu erbrechen. »Es fiel mir am Anfang schwer, mich zu übergeben«, sagt sie. »Aber ich habe geübt und hatte meine Tricks!« So kitzelte sie sich mit dem Schminkpinsel hinten im Hals, um den Brechreiz auszulösen. Oder sie drehte ein etwas größeres Tuch zu einem Strang, verschluckte es bis auf einen Zipfel: »Wenn ich das Tuch wieder aus dem Hals zog, konnte ich mich leichter übergeben.«

Später wählte Alexandra Lebensmittel nicht mehr nach dem Geschmack, sondern nach der Konsistenz aus: Sie löffelte angetautes Eis, zermatschte Sahnetorte und rührte Kartoffelbrei aus dem Paket fast flüssig an, um große Mengen leichter schlucken zu können. Die anfängliche Angstschwelle vor dem Kotzen hatte das Mädchen bald überwunden. Auf der Suche nach Hilfsmitteln war sie auf Teelöffel gekommen. »Den Stiel brauchte ich nur kurz in den Hals zu stecken und schon konnte ich mich übergeben.«

Die Eltern bekamen von alledem drei Jahre lang nichts mit. Auch dass ihre Tochter häufig mit verweinten Augen, angestrengt und erschöpft von der Toilette zurückkam, bemerkten sie nicht. Bulimiker sind Meister im Vertuschen. Außerdem hatte Alexandra sehr zur Erleichterung der Mutter aufgehört, bei Tisch zu meckern. Niemandem fiel auf, dass sie nach dem Essen sofort auf die Toilette ging. »Dabei habe ich immer das Schlüsselloch verstopft, damit mich niemand sieht und keiner was mitkriegt.« Als der Vater einmal Reste von Papier im Schlüsselloch entdeckte, macht er sich über ihre Schamhaftigkeit lustig. Außerdem spülte sie mehrfach, wischte alles sauber und öffnete das Fenster, damit der Geruch abziehen konnte.

Bei all dem Leid sah Alexandra lange Zeit aus wie das blühende Leben. Die Pubertätspickel waren verschwunden. Sie schminkte sich sorgfältig, kaufte hübsche Sachen und erntete stolz Komplimente vom Vater. »Hübsch und vor allem klug«, sagte er anerkennend. »Ein perfektes Frauchen ...«

Alexandra gierte nach Lob und Anerkennung. Die Aussicht auf ein knappes »gut so, Kleines« trieb sie zu Höchstleistungen. »Ich war richtig abhängig von Lob«, sagt sie heute.

Damals fühlte sie sich phasenweise wirklich perfekt. Das reizende Töchterchen: Aufgeschlossen, kontaktfreudig und vor allem ehrgeizig und schön. »Unsere Lexi ist nach ihren pubertären Zicken endlich wieder lieb und normal geworden«, sagte die Mutter zufrieden. Ihre Lexi protestierte längst nicht mehr: Weder gegen das Essen, das die Mutter auftischte, noch gegen die Gefühlskälte in der Familie. Für den Vater zählten ohnehin nur Leistungen: In der Schule, am Computer und beim Sport. Er betonte stets: »Ich hab zwar keinen Sohn, aber eine Tochter, auf die ich stolz sein kann.« Die Mutter legte Wert auf eine brave, folgsame Tochter. Ein nettes Mädchen, das keine Probleme macht. Sie wünschte sich, dass Alexandra nach guter Ausbildung und Karriere im Beruf später eine »gute Partie« machen und eine perfekte Ehefrau würde.

Psychologen sehen in der Bulimie einen unbewussten Protest gegen all die äußeren Zwänge, denen sich Bulimiekranke unterwerfen und ausgeliefert sind. Sie sind innerlich zerrissen, finden ihre Rolle schlicht »zum Kotzen«. Sie fressen alles in sich hinein, um es dann möglichst schnell und umfassend wieder loszuwerden. Brechen wird zum Ventil der Befreiung.

Für Alexandra gab es keinen Freiraum mehr. Die Eltern gaben den Weg in die Zukunft exakt vor. Der Vater sah in »seiner Lexi« einen Computer-Fachmann (!), die Mutter projizierte eigene Träume auf die Tochter. Sie sollte es später noch besser haben, vielleicht einen Arzt oder Anwalt heiraten. Deshalb musste sie Tennis spielen, aber auch Segeln und Reiten lernen. »In den Clubs verkehren die besseren Kreise«, sagte die Mutter verschmitzt und ließ durchblicken, dass sie dabei auch an potenzielle Schwiegersöhne dachte. Schon deshalb sollte Lexi schön sein.

Ihr war sehr früh bewusst, dass die Eltern viel Geld in sie »investierten«, die teuren Mitgliederbeiträge und Sportlehrer zahlten, um ihre Zukunftschancen zu erhöhen. Dieser Gedanke setzte sie obendrein unter extremen Leistungsdruck. Sie hatte ständig Angst, zu versagen und nicht gut genug zu sein. Außerdem fühlte sie sich in den »besseren Kreisen« fremd und nicht angenommen.

All diese Ansprüche zu erfüllen kostet Kraft. Und Alexandra hatte über einen langen Zeitraum funktioniert. Sie hatte stets versucht, es allen recht zu machen, alle Wünsche zu erfüllen. Sie brachte gute Noten nach Hause, ging brav Segeln und Reiten und sah stets adrett und hübsch aus.

Eines Tages forderte die Erkrankung ihren Tribut: Alexandra konnte sich beim Lernen nicht mehr richtig konzentrieren. Sie trainierte, um ihre Leistungen beim Tennis zu steigern, litt jedoch immer häufiger unter Schwindelgefühlen und Kreislaufschwäche. Sie wollte noch besser aussehen, aber ihr Haar wurde stumpf und brüchig, die Haut trocken.

Zunehmend litt Alexandra nach jeder Ess-Brech-Phase unter schweren Schuldgefühlen. Sie verachtete sich wegen des Kontrollverlustes, verurteilte ihre Gier und das Vergeuden von Lebensmitteln. Außerdem konnte sie die innere Leere durch Essen nicht mehr füllen. Auch das Gefühl der Entlastung, das sie früher nach Brechanfällen gespürt hatte, verringerte sich deutlich. Die Erleichterung blieb irgendwie aus. Das ewig schlechte Gewissen führte schließlich zu Wut, Aggression und Selbsthass. Alexandra wurde im Teufelskreis zwischen Essen und Brechen aufgerieben. Der Verstand sagte ihr: Du wirst verrückt! Sie fand ihr Verhalten zunehmend abnorm, quälte sich mit Selbstvorwürfen und konnte das Bild, das andere von ihr hatten, nicht mehr aufrecht halten. Sie war müde, zog sich völlig zurück und dachte an Selbstmord.

An diesem Punkt angelangt, wagte Alexandra das Gespräch mit einer Freundin. »Zu meinem großen Erstaunen verstand Vera mich sofort, sie hatte selbst eine Zeit unter Bulimie gelitten«, erzählt Alexandra. »Gemeinsam haben wir dann überlegt, was man in meinem Fall machen kann.«

Die Freundin empfahl, den Vertrauenslehrer einzuweihen, der gleichzeitig als Suchtberater an der Schule fungierte. Der Lehrer diskutierte dann offen und sehr verständnisvoll mit Alexandra über Hilfsangebote, übte keinen Druck aus und machte gemeinsam mit Alexandra einen Arzt ausfindig, der sich mit Essstörungen auskannte.

Offenheit, das Durchbrechen der Heimlichtuerei, Verständnis und sofortige konkrete Hilfsangebote sind sehr wichtig im Umgang mit essgestörten Kindern. Bei ihren Eltern fand Alexandra jedoch nicht sofort Verständnis: »Mein Vater brach einen riesigen Streit vom Zaun und tobte, meine Mutter weinte nur.« Darauf war das Mädchen jedoch nach den Gesprächen mit dem Lehrer gefasst. Auf Wunsch von Alexandra wurde ein Familientherapeut eingeschaltet. Erst in gemeinsamen Gesprächen entwickelten sie ein Bewusstsein für das Problem.

»Jetzt reden wir endlich alle offen über unsere Gefühle«, sagt Alexandra. Erst nach Monaten normalisierte sich ihr Essverhalten einigermaßen. »Heute bekomme ich nur noch ganz selten Heißhunger-Attacken und Brechanfälle«, sagt die 17-Jährige. »Ich mache mir keine Vorwürfe, denn heute weiß ich, dass ich Geduld mit mir haben muss und eines Tages wieder ganz normal essen werde.«

Benedikt (17): Mädchen mögen keine fetten Männer

Benedikt (187 Zentimeter) wiegt heute 54 Kilo, mit 77 Kilo würde er im Normalbereich liegen. Er sagt: »Nur wenn ich gehungert habe, fühlte ich mich souverän, wenn ich aß, sah ich in mir den Schwächling.«

Benedikt leidet unter Bulimie, einer von der Gesellschaft als typische Frauenkrankheit angesehenen Essstörung. Nur etwa ein Prozent aller Magersüchtigen oder Bulimiker sind laut einer Studie des Münchner Max-Planck-Instituts für Psychiatrie Männer zwischen 14 und 25 Jahren. Ihre Zahl steigt jedoch stetig. Schon zehnjährige Jungen gehören heute zur Risikogruppe. Der Verlust der Kontrolle bedeutet speziell für junge Männer auch den Verlust von typisch männlichen Werten wie Stärke und Beherrschung. In den meisten Fällen hängt die Essstörung mit einem übertriebenen Männlichkeitswahn und Eitelkeit zusammen, der Angst, dem Bild des Supermannes nicht zu entsprechen. Auch Essstörungen bei männlichen Jugendlichen haben vielfältige Gründe, die Ursachen des relativ neuen Phänomens sind bei ihnen jedoch weit weniger erforscht als bei Mädchen und Frauen. Fest steht: Sie haben Probleme mit ihrer Rolle als Mann, sind in ihrem Selbstbewusstsein verunsichert und stehen – ähnlich wie Frauen – unter ungeheurem Leistungsdruck (in Schule, Beruf und Sport). Immer mehr Männer unterwerfen sich heute den Idealen, welche die Werbung und Schönheitsindustrie vorgeben. Und sie leiden, weil sie ihrer Meinung nach den Anforderungen nicht entsprechen. Auch bei Benedikt fing die Essstörung mit einem überzogenen Männerbild an.

Mit 15 Jahren brachte Benedikt bei einer Körpergröße von 187 Zentimetern 95 Kilo auf die Waage. »Ich war richtig moppelig«, erinnert sich der Gymnasiast. Der damals sehr introvertierte Junge liebte Schweinebraten, Sahnesoßen und Süßigkeiten. »Meine Mutter kocht gut«, sagt er still.

Der Vater, ein erfolgreicher Manager, mit dickem Dienstwagen, Doppelsekretariat und allerlei Statussymbolen ausgestattet, hatte zu dieser Zeit für seinen sensiblen Sohn kein Verständnis. Er verachtete das Stille, Weiche an dem »Muttersöhnchen«, schämte sich für Benedikts »mädchenhaftes Verhalten« und mahnte ihn ständig zur Härte. »Wer Erfolg haben will, muss heute fit sein – fit und schlank«, sagte der Vater. Er wollte, dass aus seinem Sohn ein harter Mann wird. Ein schlanker, durchtrainierter ganzer Kerl. Athletisch, beherrscht, stolz. Morgens um fünf hörte Benedikt den Wecker im Schlafzimmer der Eltern klingeln. Dann stand der Vater auf und ging eine Stunde im Park joggen.

»Na, hat unser Beni-Baby schon seine zwei Nutellabrötchen gehabt«, frotzelte er böse nach der Rückkehr. Benedikt litt unter dem Zynismus des Vaters, den er liebt und bewundert. Dann fand das »Gespräch unter Männern« statt: »Ich habe keinen verweichlichten Schwächling erzogen«, sagte der Vater und führte als Paradebeispiel Klaus an, den Sohn seines Freundes Hans. Klaus boxt, heimst Pokale beim Schwimmen ein, ist athletisch und sonnengebräunt. So wollte der Vater seinen Sohn. »Du bist zu fett, Junge«, erklärte er mit Nachdruck und beschloss: »Du nimmst jetzt ab, gehst zum Bodybuilding und jeden Morgen mit mir joggen.«

Wie richtige Männer aussehen müssen, ist in unserer Gesellschaft überall präsent: In der Werbung, auf dem Laufsteg, beim Sport, in der Musikszene und im Kino: Muskelgestählt, drahtig, dynamisch und trotzdem knabenhaft schlank. Dieses Bild verinnerlichen schon kleine Jungen: Bloß keine Schwäche zeigen, immer den Harten mimen! Benedikt entsprach dem Wunschbild damals ganz und gar nicht. Auf die Forderungen des Vaters hatte er noch mit Trotz reagiert, aber dann war er mit seiner Freundin Chris in »Titanic«, dem Megaerfolg des androgynen Mädchenidols Leonardo DiCaprio. »Sie war anschließend wie ausgewechselt, schwärmte mir von dem ach so süßen Typen vor, der super aussieht und trotzdem lieb ist. Aber eben auch knallhart. Ein softer Schönling und sensibler Gewinner, der den tragischen Heldentod stirbt!« Ihr Beni war dem Mädchen plötzlich nicht mehr gut genug. »Sie gab mir den Laufpass!«

Benedikt litt und fing an zu hungern. Er trank nur noch Kaffee, Cola Light und Mineralwasser. Schweinebraten und Sahnesoßen wurden rigoros vom Speiseplan gestrichen. Stattdessen kam Salat auf den Teller, Obst, Gemüse und hin und wieder ein Steak. Die Eltern unterstützten seine Bemühungen abzunehmen. In seinem Kopf tobte nur ein Gedanke: »Dem Vater und vor allem Chris werde ich es zeigen. Die dusselige Kuh soll bereuen, dass sie mich verlassen hat.«

Morgens um fünf ging er jetzt mit dem Vater joggen. Er meldet sich im Fitness-Center an, stemmte Gewichte und trainierte verbissen. Er schwamm täglich nach der Schule 1.000 Meter und aß immer weniger. Benedikt war wie ausgewechselt. Schlank sein wurde für ihn zum Leistungsnachweis. Endlich ein Kerl werden! Seinem Körpergewicht ordnete er alles unter. »Ich war besessen«, sagt er. Stolz registrierte Benedikt: »Der Kampf hat sich schnell gelohnt. Ich verlor an Gewicht, sah schon nach ein paar Monaten den irren Erfolg. Ich bekam Oberarme, ein breiteres Kreuz, eine schmale Taille und knallharte Waden.« Übergewicht war für ihn zum Symbol des Versagens geworden. Nie wieder dick und wabbelig: Das war sein Ziel. Und der Vater war plötzlich stolz auf ihn, spornte seinen Sohn an. »Endlich kann man sich wieder mit dir sehen lassen«, war sein Kommentar.

Auch Benedikt war glücklich: »Ich hatte mein Selbstwertgefühl aufpoliert.« Doch richtig zufrieden war er immer noch nicht. »Ich wollte noch dünner und gleichzeitig noch muskulöser werden.«

Leistung, Leistung, Leistung! Der Gedanke, noch mehr zu leisten, beherrschte seine Sinne. »Ich aß noch weniger und trainierte noch mehr.«

»Der erste Fressanfall war die größte Niederlage meines Lebens«, erinnert er sich. »Ich hatte die Kontrolle verloren, war schwach, fühlte mich wie ein Verlierer.« Wie von Sinnen hatte er in wenigen Minuten ein ganzes Glas Nutella ausgelöffelt, Rollmöpse halb zerkaut verschlungen, Kräcker mit dicken Käsescheiben belegt und Schokoriegel verdrückt. »Danach bin ich sofort aufs Klo und hab gekotzt.« Er wusste damals bereits, was Bulimie ist und schämte sich, wie ein »Weiberrock« zu reagieren, aber im Bauch wollte er den »Feind« keinesfalls behalten. Für ihn war der Ess-Brech-Anfall ein »knapper Sieg über die peinliche Niederlage«. Dann ging er ins Fitness-Center, trainierte bis zur totalen Erschöpfung und kaufte Aufbaumittel für die Muskulatur. »Danach fühlte ich mich wieder wie ein Sieger.«

Im Rückblick beschreibt er sich als krankhaft besessen und beherrscht von dem Gedanken, wie DiCaprio auszusehen. Er ließ sich die Haare färben und schneiden wie der Titanic-Star, kopierte die Klamotten und dachte sogar kurzfristig über eine

Nasenoperation nach, »damit mein Gesicht knabenhafter wirkt«. Heute meint Benedikt: »Ich war verrückt, alles drehte sich nur noch um meinen Körper, mein Gewicht und mein Aussehen.« Er hatte ständig auf der Waage gestanden, noch weniger gegessen, noch mehr trainiert, durch Saunabesuche und Entwässerungstabletten an sich »rumgebastelt«. Schwächen waren für ihn zum Tabu geworden. Stärke war angesagt! Hart gegen sich selbst sein, siegen gegen den schwachen Körper, gegen das verdammte Hungergefühl. Benedikt verfiel in einen Männlichkeitswahn, der sogar den Vater erschreckte. Der einst empfindsame, sehr pazifistische Junge wollte auf einmal zur Bundeswehr, »Dreck fressen wie die Marines in den USA, die ganz Harten«.

Er wollte es allen zeigen: Dem Vater, den Freunden und vor allem Chris, »die plötzlich wieder ein Auge auf mich geworfen hatte«. Gleichzeitig war er wütend und aggressiv: »Jetzt ließ ich Chris abfahren. Ich hab sie gehasst, weil sie so tussihaft war.« Auch die Gefühle dem Vater gegenüber waren von Wut, aber auch Hilflosigkeit bestimmt: Benedikt hätte so gern mehr Anerkennung und Lob von seinem strengen Vater bekommen. Er tat doch alles, was er konnte. »Ich hatte Heldenträume, in denen ich die Hauptrolle spielte. Ich hab mir vorgestellt, wie ich Kinder aus brennenden Gebäuden rette, Räuber in die Flucht schlage und Rechtsradikale zusammenprügle – alles spielte sich in meinem Kopf ab. Ja, ich wollte endlich ein superschöner Held sein.«

Für den strengen Vater war Benedikt jetzt »ganz passabel«, nicht mehr und nicht weniger. Er war dem perfekten Manager, seinem Lob und Tadel, ohnmächtig ausgeliefert. »Optik allein zählt nicht, Junge«, eröffnete der Vater einen neuen Kriegsschauplatz. »Du musst jetzt mal langsam an ein Studium denken, mehr in der Schule leisten, auf ein gutes Abitur hinarbeiten. Leistung, Junge, Leistung ...«

Benedikt fühlte sich den Ansprüchen des Vaters nicht gewachsen. Trotz all seiner »Erfolge« war er wieder nicht gut genug. Benedikt fand sein Leben zum Kotzen! Ständig quälte ihn die Vorstellung, dem Vater nicht zu genügen. Auf die kleinste Krise, manchmal war es nur eine dumme Bemerkung, reagierte er mit Fressanfällen. Wie leicht konnte der Vater ihn kränken, provozieren, verletzen, kleinkriegen, ärgern. Seine Ess-Brech-Phasen überwältigten ihn immer häufiger. »Ich hab zum Schluss fünfmal am Tag gekotzt«, sagt er. Auf die liebevolle, verständige Mutter, die die Not ihres Jungen sah, reagierte er aggressiv. »Ich wollte nicht mehr unter ihren Rock kriechen wie ein Versager.«

So radikal wie er seinen Körper beim Sport marterte, so radikal verweigerte er Nahrung. Benedikt stand an der Schwelle von Bulimie zur Magersucht. »Ich aß wie ein Automat und kotzte wie ein Automat. Oder aß einfach nichts mehr. Ich war völlig fremdbestimmt.«

Die Leistungen in der Schule fielen rapide ab. Auch sein exzessives Training bereitete Benedikt Probleme. Immer häufiger litt er unter Schwindelgefühlen. Dann zog er sich völlig zurück, blätterte in Männermagazinen und Autozeitungen. Er stand unter enormem Druck: Schön und erfolgreich muss man heute sein. Viel Geld verdienen, viele Weiber haben, viele schöne Autos kaufen, viele teure Hobbys pflegen. »Ich war der Gier nach Leben verfallen und doch in mir gefangen.« Pro Pfund Übergewicht sinkt das Jahreseinkommen amerikanischer Führungskräfte um 1.000 Dollar, hatte er irgendwo gelesen. Würde er den erfolgreichen Übervater je erreichen, gar überflügeln können? In seinem Kopf tobte der Kampf der Erfolgreichen. Bulimie ist die Krankheit der Perfektionisten, der gehobenen Mittelschicht. Er las die Managermagazine des Vaters. In den Chefetagen der Wirtschaft haben Übergewichtige nichts mehr zu sagen. Der moderne Unternehmer ist dynamisch, hat einen »Knackarsch« (auf den Frauen angeblich sofort schauen), jettet um die Welt und ist reich. Sätze wie »Macht macht erotisch« setzten sich in seinem Kopf fest. Benedikt hatte das Rollenbild – wie Männer gefälligst seien müssen – total verinnerlicht. Und er scheiterte an dem Anspruch. »Ich kämpfte und verlor mein ganz persönliches Ich«, erzählt der intelligente Junge.

Bei seiner zwanghaften Fixierung auf das Abnehmen nahm er nicht wahr, dass er nur noch aus Haut und Knochen bestand. Seine Freunde zogen sich zurück. »Ich vereinsamte, war in meiner irren Phantasiewelt von Heldentum gefangen.«

Nichts mehr essen! Alles verweigern – auch diese »Scheiß-Leistungsgesellschaft« ablehnen. Benedikt war zwischen Protest, totaler Verweigerung und krankhaftem Strebertum und Anpassung hin und her gerissen. Als der befreundete Chefarzt einer Klinik den Vater besuchte, hörte er ihn sagen: »Du, dein Junge sieht schlecht aus ...« Benedikt dachte nur eins: »Ich bin wieder nicht gut genug!«

Am nächsten Tag brach Benedikt beim Joggen im Park zusammen. Erst im Krankenhaus wurde er wieder wach. Er war in ein Unterzuckerungs-Koma gefallen. Der Vater saß an seinem Bett, als Benedikt die Augen wieder aufschlug. Er hatte mit dem behandelnden Arzt gesprochen. Er war sehr verständnisvoll, hielt die Hand seines Jungen und sagte: »Du hast Probleme, Beni. Ich möchte, dass es dir bald wieder gut geht ...«

Benedikt weinte. Dass der Vater so viel Mitleid und Verständnis hatte, tat ihm zwar wahnsinnig weh, aber auch richtig gut. Zum ersten Mal hatte er das Gefühl: Ich habe alles gegeben.

»Ich will gesund werden«, meinte Benedikt und zeigte sich mit den Plänen des Vaters einverstanden. In einer Klinik für essgestörte Kinder lernte der Junge, wieder normal zu essen. »Ich weiß, dass es meine Seele ist, die Hilfe braucht.« Er weiß auch, dass Rückfälle auf ihn zukommen. »Wenn man so radikal Fehler gemacht hat, muss man im Kopf umdenken.« Gemeinsam mit einem ambulanten Therapeuten will Benedikt in ein normales Leben zurückfinden. »Ich hab großes Glück gehabt, dass mein Vater mich versteht. Mit seiner Ablehnung wäre ich sicher nicht fertig geworden ...«

Wie erkenne ich, ob mein Kind essgestört ist?

Keine Panik, wenn Ihr Kind an manchen Tagen keinen Hunger hat, mäkelig im Essen herumstochert oder – im Gegenteil – die Schüsseln auskratzt und über Süßigkeiten herfällt. Ausnahmen im Ernährungsverhalten sind kein Hinweis auf Essstörungen, sondern völlig normal. Der Appetit von gesunden Kindern und Jugendlichen ist nicht jeden Tag gleich groß. Vorübergehende Schwankungen können von vielen unterschiedlichen Faktoren abhängig sein: Stress in der Schule, Liebeskummer, Streit mit Freunden oder in der Familie, zu viel oder zu wenig Bewegung und sogar die Jahreszeiten und das Wetter spielen eine Rolle. Eine kleine Erkältung kann mit Appetitlosigkeit verbunden sein, die bevorstehende Mathematikarbeit schlägt auf den Magen. An heißen Tagen schmeckt der Eintopf nicht, im Winter dagegen ist der Hunger auf Deftiges und Süßes generell größer. Solange die Schwankungen im normalen Rahmen bleiben, liegt kein Grund zur Besorgnis vor. Nicht jede Appetitlosigkeit führt in die Magersucht, nicht jeder Essanfall ist ein Zeichen für eine drohende Esssucht. Ist die Krise vorüber, sollte sich das verschobene Ernährungsverhalten allerdings schnell wieder normalisieren. Dauerhaft verändertes, extremes Essverhalten über Wochen lässt dagegen auf eine größere Krise schließen. Essstörungen müssen beobachtet und ganz ohne Hysterie behandelt werden.

Wie aber können Eltern Essstörungen erkennen? Wie verhalten sich essgestörte Kinder und Jugendliche? Auf die Frage gibt es keine eindeutige Antwort. Gestörtes Essverhalten lässt sich nicht verallgemeinern. Es gibt jedoch Ähnlichkeiten im Verhalten und Parallelen, die im Einzelfall individuell ausgeprägt sind und variieren.

Die Übergänge von normalem Ernährungsverhalten hin zur Essstörung sind meist nicht abrupt, sondern fließend. Die Entwicklung kann sich über Monate hinziehen. Krankhaftes Essverhalten muss nicht sofort mit einer extremen Zu- oder Abnahme des Körpergewichtes verbunden sein. Und damit ist es nicht in jedem Fall leicht zu erkennen. Bulimiker halten beispielsweise ihr Gewicht über Jahre, während Magersüchtige beängstigend schnell abnehmen können. Der Verfall kann schon nach wenigen Wochen sichtbar werden. Esssüchtige wiederum werden nicht zwangsläufig sofort dick. Anfangs schwankt ihr Gewicht, weil sie mit Diäten gegen die Pfunde ankämpfen, bis sie irgendwann aufgeben und rasant zulegen.

Alles dreht sich ums Essen

Alle drei Krankheitsformen – die Esssucht, die Magersucht und die Bulimie – haben eins gemeinsam: Bei den Betroffenen dreht sich alles um das Essen! Ihre Gedanken kreisen ständig um die Figur, die Waage, das Abnehmen. Sie leiden unter unstillbarem Hunger, sind unersättlich (was bei Magersüchtigen und Bulimikern nicht auffällt). Während die Dicken dem Trieb irgendwann unkontrolliert nachgeben und übermäßig viel essen, sind Magersüchtige von der Kontrolle des Hungergefühls besessen. Bulimiker pendeln zwischen den Extremen: Sie verlieren immer häufiger die Kontrolle und befriedigen kurzzeitig ihren unbändigen Hunger. Anschließend erbrechen sie die Nahrung.

Bei fortgeschrittener Erkrankung vermeiden Dicke wie Dünne, in der Gegenwart anderer zu essen. Sie isolieren sich. Alle Essgestörten leiden unter ihrer Sucht – und alle wollen auf jeden Fall eins: Schlank sein.

Alarmzeichen bei Magersucht

Extremer Gewichtsverlust in relativ kurzer Zeit, wenn keine unmittelbare Erkrankung vorausging, ist ein eindeutiges Alarmsignal. Nicht selten stehen strenge Schlankheitskuren am Anfang der Magersucht.

Magersüchtige essen extrem langsam und wenig. Sie entwickeln umständliche Ess-Rituale: Teilen selbst winzige Portionen in noch kleinere Häppchen, kauen lange auf jedem Bissen und betonen immer, dass sie eigentlich keinen Hunger haben. Sie erfinden ständig neue Ausreden, damit sie nicht essen müssen. Sie geben vor, unter Magenschmerzen oder Völlegefühl zu leiden. Sie behaupten, dass sie schon gegessen haben und satt sind. Oder sie erfinden Einladungen und wollen deshalb »vorher« nichts zu sich nehmen.

Auch der plötzliche Verzicht auf bestimmte Lebensmittel, die sie vorher gern gegessen haben, kann ein Hinweis auf eine beginnende Magersucht sein. Magersüchtige mögen von heute auf morgen kein Fleisch oder keine Nudeln mehr, essen keine Eintöpfe oder ekeln sich vor Fisch. Sie täuschen auch Allergien vor (zum Beispiel gegen Milchprodukte).

Beim Essen sortieren und zerlegen sie die Nahrung auf dem Teller: Sie schneiden winzigste Fettränder ab, verstecken beispielsweise Fleischstückchen unter Salatblättern oder lassen sie auf geschickte Art verschwinden: In Servietten, Taschentüchern oder kleinen Gefrierbeuteln, die sie unterm Tisch verbergen. Wenn sie essen, bevorzugen sie »pure« Lebensmittel, lehnen Suppen, Soßen und Dressings rigoros ab. Dahinter steckt die Angst, dass sie nicht kontrollieren können, was an Zutaten verarbeitet wurde. Sie wollen genau wissen, wie viel Fett, Mehl oder Speck im Essen verborgen ist, um die Kalorien exakt berechnen zu können.

Sie beobachten in der Küche sehr aufmerksam, welche Lebensmittel verarbeitet werden. Generell wird über »zu viel« von allem (speziell Fett) gemeckert. Sie lassen schon während der Zubereitung bestimmte Zutaten verschwinden (zum Beispiel reduzieren sie Bratfett in der Pfanne).

Jedes Lebensmittel wird analysiert, gewogen und berechnet. Sie kennen den Kaloriengehalt jeder Erbse bis auf die letzte Stelle hinterm Komma. Mit Akribie tauschen sie Lebensmittel oder Zutaten aus, ersetzen selbst Zitronensaft gegen Zitronensäure, weil sie so drei Kalorien sparen!

Einige haben einen ausgeprägten Markentick: Sie bevorzugen zum Beispiel Kartoffelpüree einer bestimmten Firma. Dabei handelt es sich vorzugsweise um billige Produkte. Psychologen sehen darin einen Teil der unbewussten Selbstbestrafung.

Abnehmen wird zur Manie: Magersüchtige ernähren sich irgendwann nur noch von Salat, den sie nicht anmachen. Sie kauen viel Kaugummi. Außerdem trinken sie Unmengen von Wasser. Sie löffeln Tee und Säfte wie Suppen, um sich dabei die Illusion von Essen zu verschaffen.

Je weniger sie essen, umso mehr beschäftigen sie sich damit: Sie reden pausenlos über Essen, Nicht-Essen, Nahrung, Nährwerte, Kaloriengehalt oder schlendern genüsslich durch die anonymen Lebensmittelabteilungen großer Supermärkte. Sie riechen und berühren Nahrung – aber sie essen sie nicht. Stattdessen sehen sie sich satt und trinken oft Unmengen Diät-Cola, weil sie die aufputschende und gleichzeitig appetithemmende Wirkung des Koffeins brauchen.

Paradoxerweise kochen Magersüchtige gern. Sie animieren andere Menschen zum Essen, wollen sie sogar heimlich mästen. Sie verstecken absichtlich nahrhafte Lebensmittel im Essen anderer Menschen, schütten zum Beispiel Sahne statt Milch in den Kaffee, während sie ihren natürlich schwarz trinken. Der Zwang zu »füttern«, ohne selbst zu essen, ist typisch für Magersüchtige.

Auch Magersüchtige leiden gelegentlich unter Essanfällen und erbrechen sich anschließend. In der Regel sind sie jedoch extrem diszipliniert und werden eher durch Nichtessen auffällig. Außerdem versuchen sie, den Kalorienverbrauch des Körpers durch exzessiven Sport zusätzlich weiter anzukurbeln. Sie joggen, laufen auch weiteste Wege und gehen mehrmals in der Woche (manchmal auch täglich) stundenlang ins Fitness-Center. Sie wissen genau, wie lange sie mit dem Rad fahren müssen, bis 100 Kalorien verbraucht sind. Sie wiegen sich mehrmals am Tag (vor und nach dem Essen oder dem Fitnesstraining) und leiden unter starken Stimmungsschwankungen. Wenn sie abgenommen haben, verfallen sie häufig in Euphorie, sind für Außenstehende plötzlich ohne ersichtlichen Grund ausgelassen und fröhlich. Schon auf eine geringe Zunahme reagieren sie hingegen meist tief deprimiert und wiederum mit übertriebener sportlicher Anstrengung und rigoroser Essensverweigerung.

Gleichzeitig versuchen sie, ihr Körpergewicht durch die Einnahme von Entwässerungstabletten, Abführmitteln und Appetitzüglern zusätzlich zu reduzieren. Medikamenten-Missbrauch ist nicht selten. Häufig schlucken sie zudem Pülverchen gegen die Übersäuerung des Magens.

Magersüchtige haben häufig kalte Hände und frieren auch an schönen warmen Sommertagen. Bei jungen Mädchen und Frauen verschiebt sich die Menstruation oder sie setzt ganz aus.

Im fortgeschrittenen Stadium der Erkrankung ist die Haut großporig, schuppig, sehr trocken und fahl. Die Betroffenen wirken irgendwie durchsichtig. Das Haar wird stumpf und geht aus, die Nägel sind brüchig.

Der körperliche Verfall kann rasant verlaufen. Bei Magersüchtigen kann sich eine eigenartige Behaarung am ganzen Körper ausbilden. Sie ziehen sich völlig zurück, sind unzugänglich oder aggressiv verstimmt. Sie neigen zu Angstzuständen und manchmal fügen sie sich selbst Verletzungen zu. Obwohl sie dringend Hilfe brauchen und durch ihr erschreckendes Äußeres bei Menschen Mitleid erregen, lehnen sie jede Fürsorge ab. Eins ist ganz besonders deutlich: Obwohl sie extrem abgemagert sind, finden sie sich immer noch zu dick!

Alarmzeichen bei Bulimie

Abgesehen von Überschneidungen wie Kalorienzählen, häufigem Wiegen, Schlankheitskuren und einem exzessiven Fitness-Programm gibt es Unterschiede zwischen Magersüchtigen und Bulimikern. Am augenfälligsten ist das äußere Erscheinungsbild: Während Magersüchtige oft schon innerhalb weniger Monate skelettartig abmagern und verhungert aussehen, können Bulimiker ihre Erkrankung über Jahre verbergen. Sie sind meist äußerst attraktiv. Schon junge Mädchen sind stolz auf ihre Weiblichkeit, die sie durch enge Kleidung betonen (im Gegensatz zu Magersüchtigen, die den Körper eher verhüllen). Bulimiker sind schlank und nur im Übergang zur Magersucht extrem dünn. Die meisten haben ein Idealgewicht im Kopf, das sie anfangs offen diskutieren und bis aufs Gramm genau halten wollen. Sie reden häufig über dieses Gewicht und klagen, wie viel Kilo sie noch abnehmen müssen, um es zu erreichen und machen ständig Diäten. Manche streben Model-Maße an (die sie meist auswendig kennen) und wirken sehr körperbewusst. Bulimiker sind generell eitel und legen großen Wert auf ihr Äußeres. Sie sind Perfektionisten und betreiben einen übertriebenen Körperkult, stehen ständig kritisch vor dem Spiegel und begutachten ihre Figur. Sie kaufen Kleidung absichtlich eine Nummer kleiner, um sich »reinzuhungern«.

Da man ihnen die Erkrankung nicht sofort ansieht, können sie ihre Sucht auch vor engsten Familienmitgliedern lange geheim halten. Die Essstörung ist schon deshalb nicht auffällig, weil Bulimiker am Anfang auch in Gegenwart anderer essen. Nicht selten sogar große Portionen! Auf das Phänomen – große Portionen, schlanker Körper – angesprochen, antworten sie mit Ausflüchten: Das sei Veranlagung (»Schon Großmutter war schlank ...«) oder sie erklären ihre gute Figur mit einem strengen Sportprogramm (»Ich turn mir die Pfunde ab ...«). Auffällig ist auch der Gebrauch von Abführmitteln, Entwässerungstabletten, Appetitzüglern und Magenmitteln gegen Übersäuerung.

Der Name Bulimie stammt aus dem griechischen und bedeutet: »Heißhunger« oder »Stierhunger«. Bulimiker essen oft schnell, wild und zügellos. Nach jedem Heißhungeranfall haben sie ein schlechtes Gewissen und Schuldgefühle, die sie auch vor anderen äußern. Essen wird ständig entschuldigt: »Das macht zwar fett, aber heute schmeckt's mir besonders gut.« Oft verkünden sie schon während des Essens, dass sie morgen wieder Diät halten.

Sie schwanken bei Tisch zwischen kontrolliertem, kalorienbewusstem Essen und Diäten oder großen Portionen. Wenn sie viel gegessen haben, verschwinden sie bereits kurz danach für längere Zeit auf der Toilette. Sie schließen sich ein, betätigen die Spülung wiederholt, lassen den Wasserhahn laufen oder drehen das Radio an, um die Brechgeräusche zu übertönen. Wegen des säuerlichen Geschmacks im Mund putzen sie sich ständig die Zähne, lutschen Pfefferminzbonbons oder kauen Kaugummi. Da die Magensäure bei fortschreitender Erkrankung den Zahnschmelz schädigt, haben Bulimiker meist schlechte, kariöse Zähne.

Die Augen von Bulimikern können nach dem Gang zur Toilette durch das angestrengte Würgen geschwollen oder gerötet sein. Obwohl der Körper schlank ist, haben sie nicht selten ein aufgedunsenes Gesicht. Denn durch mehrmaliges Erbrechen schwellen die Ohrspeicheldrüsen an, die viel mehr Speichel als normal produzieren müssen. Nachdem sie sich übergeben haben, können sie gelegentlich heiser sein, sich ständig räuspern oder husten. Jugendliche Mädchen kommen nicht selten frisch geschminkt von der Toilette, da durch tränende Augen beim Würgen das Make-Up verlaufen ist. Sie wirken erleichtert und versuchen, den langen Aufenthalt im Bad zu entschuldigen. Manchmal sind Bisswunden auf dem Handrücken erkennbar, da sich die Betroffenen beim Erbrechen selbst beißen.

Aus Scham und Ekel verheimlichen Betroffene ihr Problem und fangen an, sich mehr und mehr zu isolieren. Sie nehmen nicht mehr an Klassenfahrten, Ausflügen und Familienfeiern teil. Sie fürchten, an unbekannten Orten nach dem Essen keine geeignete Toilette zu finden, wo sie sich in aller Ruhe übergeben können. Häufig erkundigen sie sich unvermittelt vor dem Essen, wo die Toilette ist. Bulimiker trinken häufig große Mengen Diätcola, weil ihnen das Getränk das Erbrechen erleichtert.

Mit fortschreitender Erkrankung vermeiden Bulimiker, in Gegenwart anderer zu essen. Sie schließen sich in ihrem Zimmer ein, damit die Eltern sie nicht bei einem Heißhunger-Anfall überraschen. Sie verschlingen in kürzester Zeit Unmengen von Lebensmitteln (bis zu 30.000 Kalorien) und haben anschließend den Zwang, sich zu übergeben. Für den Kauf der Lebensmittel brauchen sie viel Geld (bis zu 70 Mark pro Attacke). Im Endstadium haben Bulimiker bis zu fünf Fressanfälle pro Tag (man spricht von Bulimie, wenn es zu mindestens zwei Fress-Attacken pro Woche über mindestens drei Monate kommt). Kinder und Jugendliche geraten durch Bulimie schnell in Geldnot, stehlen Vorräte und plündern Kühlschranke. Häufig verschwinden Lebensmittel – zum Beispiel der Inhalt ganzer Marmeladengläser oder Familienpackungen Eiscreme – auf unerklärliche Weise.

In schweren Fällen essen Betroffene beim Abräumen nach den Mahlzeiten die Reste von fremden Tellern. Sie wühlen im Abfall oder fragen in Geschäften nach unverkäuflichen Lebensmitteln wie Wurstresten oder altem Brot. Sie geben vor, es sei für Haustiere wie Hunde oder Hasen.

Ein neues Phänomen ist die so genannte Exercise-Bulimie: Die Betroffenen versuchen, durch exzessives, stundenlanges Körpertraining statt durch Erbrechen ihre Kalorien nach Fressanfällen wieder loszuwerden. Sie turnen bis zur totalen Erschöpfung oder bis zum Zusammenbruch.

Im Endstadium ziehen sich Bulimiekranke total zurück und leiden unter Selbstmordphantasien.

Alarmzeichen bei Esssucht

Esssüchtige Kinder und Jugendliche sind ständig hungrig und naschen praktisch den ganzen Tag über immer und überall: Im Gehen, im Stehen, beim Lesen, vor dem Fernseher, bei den

Schularbeiten, vor dem Computer. Sie essen nebenbei, gedankenlos und unbewusst. Futtern läuft bei ihnen mechanisch ab: Sie essen schneller als Normalgewichtige und ihre Essgeschwindigkeit bleibt auch gegen Ende der Mahlzeit gleich (im Gegensatz zu normalen Essern, die langsamer werden).

Übergewichtige merken oft gar nicht, wie viel sie zu sich nehmen. Überall haben sie ihr Knabberzeug gehortet: Im Zimmer, in der Schultasche, auf dem Schreibtisch, in Schränken und ihren Jacken. Sie sind durch Werbung leicht ansprechbar und müssen neue Produkte sofort probieren. Unterwegs steuern sie Imbissbuden und Kioske an, packen im Supermarkt Süßwaren für sich in den Einkaufswagen und reagieren äußerst unwillig, wenn sie die Leckereien wieder zurück ins Regal stellen müssen.

Übermäßiges Essen führt bei Kindern und Jugendlichen relativ schnell zu Übergewicht, wenn sie sich nicht ausreichend bewegen. Professor Dr. med. Berthold Koletzko, Leitender Oberarzt der Kinderpoliklinik der Ludwig-Maximilian-Universität in München hat errechnet: Wenn ein siebenjähriges Mädchen Tag für Tag einen Kalorienüberschuss von nur 80 Kalorien zu sich nimmt, kann es in drei Jahren exzessiv übergewichtig sein.

Je mehr Pfunde sie mit sich herumtragen, desto geringer wird die Lust, sich zu bewegen. Übergewicht macht träge. Außerdem schämen sich dicke Kinder, am Sport teilzunehmen. Die meisten treiben keinen oder nur sehr wenig Sport, sie sind wahre Couch-Potatoes.

Ihre Gedanken drehen sich permanent ums Essen: Sie lieben Süßes wie Schokoriegel oder Sahnekuchen und Fast Food wie Pommes, Hamburger und Würstchen. Sie trinken kalorienhaltige Getränke wie Fruchtsäfte, Cola und Soft-Drinks. Sie essen alles durcheinander: Süßes, Saures, Würziges und Salziges im

Wechsel. Und sie essen ständig zwischen den Mahlzeiten. Sie knabbern gedankenlos Chips und Nüsse in großen Mengen. Am besten schmecken ihnen fette Kalorienbomben. Sie haben jedes Maß verloren und wirken auf Außenstehende unersättlich. In der Tat haben viele von ihnen ein normales Sättigungsgefühl verloren. Sie essen hastig, gierig, schaufeln sich die Teller voll und verschlingen selbst große Portionen in kurzer Zeit. Sie belegen ihre Brote mit dicken Scheiben Käse oder Wurst. Oft nehmen sie nach, obwohl sie längst satt sind. Dabei haben sie kaum Vorlieben: Gegessen wird, was auf den Tisch kommt. Esssüchtige sind »gute«, dankbare Esser, die nicht ständig mäkelig in den Gerichten herumstochern. Einige haben ständig Ausreden bereit, erklären, warum sie wieder so viel essen und verkünden, dass sie »morgen« mit einer Diät anfangen. Sie haben viele Diäten ausprobiert und sind schnell gescheitert, um anschließend noch mehr zu essen.

Sie horten heimlich Lebensmittel, kaufen vom Taschengeld meist Leckereien, sind maßlos und wollen große Familienpackungen für sich allein. Ständig stehen sie zwischen den Mahlzeiten vor dem Kühlschrank oder wollen Geld für den Imbiss. Sie hören erst auf zu essen, wenn die Packung bis auf den letzten Bissen leer ist.

Auf Probleme, Ärger, Frust und Unsicherheit reagieren sie mit Essen. Nahrung ist für sie Ersatz für Liebe, Erfolg, Anerkennung und Freunde. Negativ-Stress wird mit Schokolade abgebaut.

Auch Dicke wollen lieber dünn sein. Sie machen häufig Diäten und versuchen abzunehmen, halten aber selbst nach kurzfristigen Erfolgen nicht durch. Eine typische Reaktion ist: »Ach, jetzt hab ich ein Stück Schokolade gegessen – nun ist alles egal ...« Dann wird aus Frust die ganze Tafel verdrückt. Meist folgt auf den Versuch, mit einer Diät abzunehmen, eine Fressphase. Sie schaffen den Übergang zu normalen Ernährungsgewohnheiten und Portionen nicht mehr. Das ständige Auf und Ab auf der Waage lässt sie verzweifeln. Im fortgeschrittenen Stadium essen sie heimlich, weil sie sich vor anderen schämen.

Sie werden oft wütend, aggressiv oder ziehen sich beleidigt zurück, wenn sie auf ihr übermäßiges Essen angesprochen werden.

Wenn die Seele hungert, wird der Körper krank

Folgen der Esssucht

Dicke Kinder tragen ein hohes Gesundheitsrisiko. Britische Mediziner der Universität Bristol behaupten: Wer als Kind übergewichtig ist, hat ein erhöhtes Risiko, an Krebs zu erkranken. Studien aus den USA belegen: Wer maßvoll isst, lebt länger. Wissenschaftler der Abteilung für Altersforschung an der Universität Wisconsin (USA) haben im Tierversuch an Ratten nachgewiesen, dass üppig ernährte Nager im Vergleich zu Tieren, die 30 Prozent weniger Kalorien bekamen, früher sterben. Die Erklärung der Wissenschaftler: Bei Verdauungsprozessen kommt es im Körper zu einem so genannten »oxidativen Stress«. Zellen werden zerstört und Gene geschädigt – übermäßiger Kalorienverzehr macht also krank.

Ob der Tierversuch so einfach auf Menschen zu übertragen ist, sei dahingestellt. Aber auch für Menschen gilt als nachgewiesen, dass Übergewicht (Adipositas) Gesundheitsschäden begünstigt. Fehlernährung in der Kindheit ist die Basis für Erkrankungen, die oft erst im Erwachsenenalter auftreten. Übergewicht spielt bei einer ganzen Palette von Erkrankungen eine große Rolle. Zum Beispiel verdreifacht sich laut einer amerikanischen Studie das Risiko, an Asthma zu erkranken.

Doch nicht erst im Erwachsenenalter kommt es zu Gesundheitsschäden. Bei sehr starkem Übergewicht treten laut Professor Dr. med. Berthold Koletzko, Leitender Oberarzt der Kinder-poliklinik der Ludwig-Maximilian-Universität in München, we-sentlich häufiger Infektionen der Atemwege auf als bei normal-gewichtigen Kindern. Außerdem sind im Schlaf auftretende Atempausen und eine Unterbelüftung der Lungenbläschen nicht selten. Die nächtlichen Atemstörungen und die Unterver-sorgung mit Sauerstoff können zu Kopfschmerzen und Leis-tungsschwankungen führen.

Über die Hälfte aller Schulkinder haben Probleme mit Gelen-ken und Füßen. Bleibende Haltungsschäden sind die Folge. Übergewicht begünstigt X-Beine, Spreizfüße, Senk- und Platt-füße. Durch das Gewicht sacken die Knochen nach unten. 41 Prozent aller Patienten mit Plattfüßen sind übergewichtig. Plattfüße können chronische Kopfschmerzen auslösen, Spreiz-senkfüße führen häufig zu einer Fehlhaltung des Beckens.

Übergewichtige Kinder und Jugendliche leiden an verschlis-senen Knie- und Hüftgelenken. Etwa 20 Prozent Übergewicht erhöhen das Risiko einer Kniegelenksarthrose um 35 Prozent! Arthrose und Arthritis (Gelenkentzündungen) werden durch Übergewicht extrem begünstigt.

Auch durch Übergewicht bedingter Bluthochdruck darf nicht verharmlost werden. Langfristig führt Übergewicht zu einem stark erhöhten Risiko für atherosklerotische Herz- und Kreislauferkrankungen. Mediziner beobachten bei überge-wichtigen Kindern und Jugendlichen erhöhte Blutdruck- und Gesamtcholesterinwerte, während das schützende HDL-Choles-terin vermindert ist.

Dicke Kinder haben ein viel größeres Risiko, als dicker Erwach-sener einen Herzinfarkt oder Schlaganfall zu erleiden. Schon etwa fünf Prozent der Kinder in Deutschland haben Bluthoch-druck, 17 Prozent hohe Cholesterinwerte.

Wer mehr als sechs Gramm Kochsalz am Tag aufnimmt, erhöht seinen Blutdruck. 50 Gramm Salami enthalten im Durchschnitt bereits 1,5 Gramm Salz. Wenn dann noch Chips, Käse, Würste und Pizza hinzukommen, ist der Wert schnell überschritten.

Über 13 Millionen Menschen in Deutschland leiden unter erhöhtem Blutdruck, der lebensbedrohliche Krankheiten wie Herzinfarkt, Hirnschlag und Nierenversagen begünstigt.

Bei Bluthochdruck herrscht in den Arterien ein erhöhter Druck. Je höher der Druck ist, umso mehr muss das Herz arbeiten, um Blut in die Organe zu pumpen. Dadurch werden die zarten Innenwände der Arterien geschädigt. Ablagerungen verunreinigen die Blutgefäße zusätzlich und stören die Durchblutung. Außerdem reagieren Übergewichtige oft stärker auf Kochsalz, das auf zweierlei Weise blutdrucksteigernd wirkt: Es bindet Wasser und verengt die Gefäße.

Bluthochdruck schädigt auch die kleinen Gefäße der Nieren. Amerikanische Ärzte haben herausgefunden, dass schon leicht erhöhter Blutdruck das Risiko von Nierenversagen um das Dreifache erhöhen kann. Zu viel Salz belastet die Nieren ebenfalls. Zusätzlich entwickeln sich bei Übergewichtigen kreislaufanregende Mechanismen, die dazu dienen, Fett abzubauen. Von Bluthochdruck (Hypertonie) ist die Rede, wenn der Blutdruck im Ruhezustand ständig über dem Normalwert (bei Erwachsenen 140/90 und bei Kindern und Jugendlichen 100/120) liegt.

Über die Jahre führt der Risikofaktor Übergewicht zu einer allmählichen Verkalkung der Herzkranzgefäße. In den USA finden Kardiologen bereits bei jedem dritten Kind fettreiche Ablagerungen an den Gefäßwänden, die später zu Arterienverkalkung führen. Fett- und Kalkablagerungen an den Innenwänden der Gefäße, die meist schon durch erhöhten Blutdruck vorgeschädigt sind, verengen den Blutdurchfluss. Im Laufe der Jahre kommt es durch diese »Plaques« zu immer stärkeren Verengungen. Der Herzmuskel wird nur mangelhaft mit dringend benötigtem Sauerstoff versorgt.

Über 200.000 Menschen erleiden pro Jahr in Deutschland einen Schlaganfall. Jeder 10. Patient ist jünger als 40 Jahre. Übergewicht, Bluthochdruck und Störungen im Fettstoffwechsel begünstigen Schlaganfälle.

Die Zahl der Diabeteskranken in Deutschland liegt bei sechs Millionen. Die Basis für den so genannten Alterszucker (Diabetes mellitus-Typ-II) wird bereits in der Jugend gelegt. Die blutzuckersenkende Wirkung von Insulin wird geschwächt (Insulinresistenz mit Glukoseintoleranz). Für Professor Koletzko besteht dadurch »ein hohes Risiko für die spätere Entwicklung einer manifesten Zuckerkrankheit« (Diabetes Typ II). Eine in Japan durchgeführte Studie an 1.100 schwergewichtigen Senioren hat den Zusammenhang ebenfalls bestätigt.

Auch Osteoporose, das Leiden alter Leute, tritt immer häufiger bei Kindern und Jugendlichen auf. Die Zahl der an Knochenschwund erkrankten jungen Menschen steigt. Das Kuratorium für Knochengesundheit in Berlin macht den erhöhten Verzehr phosphathaltiger Nahrungsmittel wie Fleisch, Wurst, vor allem aber Cola und Süßigkeiten dafür verantwortlich. Diese Lebensmittel »rauben« dem Körper Kalzium, welches die Knochen gerade in der Wachstumsphase dringend brauchen.

Gallensteine werden ebenfalls durch eine stark fett- und cholesterinreiche Nahrung begünstigt. Sie bestehen aus Cholesterin, Kalzium, Eiweiß oder dem Gallenfarbstoff Bilirubin und entstehen durch Entzündungen im Gallensystem oder durch Übergewicht.

Wahrscheinlich ist Übergewicht auch an der Entstehung zahlreicher Krebserkrankungen nicht unwesentlich beteiligt. 60 Prozent aller Krebserkrankungen werden durch falsche Ernährung begünstigt. Zu hoher Fleischverzehr und zu viel Fett erhöht das Darmkrebsrisiko. Übergewichtige bekommen 2,5-mal häufiger Nierenkrebs. Dicke Frauen erkranken häufiger an Gebärmutterhalskrebs. Stark gesalzene Speisen erhöhen das Risiko, an Speiseröhrenkrebs zu erkranken. Fett gilt generell als optimaler Energielieferant für Krebszellen.

Folgen der Magersucht

Magersüchtige ruinieren ihre Gesundheit – bis zur Schrumpfung des Gehirns! Im akuten Stadium der Anorexia nervosa kommt es zu einer so genannten Pseudoatrophie des Gehirns: Bei der Computertomographie (CT) zeigen sich erweiterte Hirnfurchen und ein verbreiterter Hemisphärenspalt. Daraus resultieren Konzentrationsstörungen und eine verminderte Reaktionsfähigkeit. Das Auffassungsvermögen ist verlangsamt. Erst wenn die Patienten wieder zunehmen, normalisieren sich die Befunde. Die Schrumpfung geht zurück. Auch Veränderungen im Hormon- und Elektrolythaushalt wirken sich auf die Hirntätigkeit aus und verursachen Wahrnehmungsstörungen.

Je früher Kinder unter Magersucht leiden, umso größer ist die Gefahr bleibender Wachstumsstörungen. Bei einem chronischen Krankheitsverlauf kann der Minderwuchs – laut Professor Dr. med. Beate Herpertz-Dahlmann, Klinik für Kinder- und Jugendpsychiatrie an der RWTH in Aachen – irreversibel sein.

Die Entwicklung von Osteoporose (Knochenschwund) bei sehr jungen Patienten ist auffällig. Die Ursachen sind für Professor Herpertz-Dahlmann ein gefährliches Zusammenspiel von

Östrogenmangel, niedriger Kalziumzufuhr, einem hohen Cortisolspiegel und der Proteinmangelernährung. Untersuchungen belegen, dass sich die Osteoporose auch bei einer Gewichtszunahme nur unzureichend zurückbildet. Die Knochendichte ist dauerhaft herabgesetzt.

Das Ausbleiben der Menstruation durch gravierende Veränderungen im Hormonhaushalt (zum Beispiel bei den Geschlechtshormonen) ist typisch bei magersüchtigen Frauen. In schweren Fällen führt die Erkrankung zu bleibender Unfruchtbarkeit.

Bei Magersüchtigen liegt das Gewicht mindestens 15 Prozent unter dem normalen Wert. Manche Patienten fasten sich bis auf die Hälfte des Normalgewichtes herunter. Sie müssen über eine Magensonde künstlich ernährt werden, um überhaupt zu überleben. Für bis zu 20 Prozent der Patienten ist die Magersucht lebensgefährlich. Sie hungern sich zu Tode, es kommt nicht selten zum Herzstillstand. Außerdem ist die Körperabwehr extrem herabgesetzt: Der geschwächte Organismus kann sich selbst gegen leichte Infekte nicht mehr zur Wehr setzen. Schon ein Erkältungsvirus kann tödliche Folgen haben.

Über ein Drittel aller Magersüchtigen haben pathologische EKG-Befunde. Blutdruck und Herzfrequenz sind viel zu niedrig. Sie leiden unter Herz- und Kreislaufbeschwerden, haben einen Puls von 60 Schlägen pro Minute (manchmal sogar weniger). Der gesamte Hormon- und Elektrolythaushalt (Blutsalze) des Körpers ist gestört. Der niedrige Kaliumspiegel bedingt Herzrhythmusstörungen. Durch den Mangel von Kalium, Kalzium und Magnesium entstehen gravierende Schäden.

Magersucht führt nicht nur zu Magengeschwüren. Herz, Leber und die Muskulatur werden geschädigt und können schrumpfen. Die Nieren werden bis hin zum Nierenversagen angegriffen. Abführmittel zerstören die Darmflora: Es kommt zu chronischer Verstopfung. Magersüchtige leiden häufig unter Magen-Darm-Beschwerden, da die Darmmuskulatur erschlaffen kann.

Durch den andauernden Mangel an Nährstoffen wird die Haut trocken, fahl und schuppig. In fortgeschrittenem Stadium der Erkrankung bildet sich eine flaumige Behaarung (Lanugo-Haar) am ganzen Körper. Haare und Fingernägel sind brüchig. Die Betroffenen leiden außerdem häufig unter Neurodermitis und anderen atopischen Erkrankungen wie Asthma und Heuschnupfen.

Magersüchtige sind häufig extrem geräusch- und lichtempfindlich. Sie frieren und haben aufgrund der schlechten Durchblutung bläulich verfärbte Hände. Außerdem verletzen sie sich leicht, bekommen ungewöhnlich schnell Prellungen, schmerzhafte Blutergüsse und Ödeme.

Auch die Spätfolgen der Magersucht sind erschreckend. Professor Herpertz-Dahlmann hat eine 37-köpfige Gruppe von jugendlichen Anorexia nervosa Patienten zehn Jahre lang beobachtet. Im Durchschnittsalter von 27 Jahren waren 48 Prozent gesund. Die Übrigen litten unter Angststörungen, Depressionen und anderen Suchterkrankungen.

Folgen der Bulimie

Bulimiker werden oft erst beim Zahnarzt auffällig: Die erbrochene Magensäure zerfrisst den Zahnschmelz. Längst finden Zahnarztkongresse zum Thema Ess-Brech-Sucht statt, da die Behandlung nicht unproblematisch ist. Zunächst tritt eine Schädigung an der Innenseite der oberen Schneidezähne auf: Die Zähne werden kariös. Dann zersetzt die Magensäure auch den Schmelz auf den Kauflächen und an den Außenseiten der Zähne. Da Bulimiekranke sich nach Brechanfällen meistens die Zähne putzen, fügen sie ihrem Gebiss unwissentlich zusätzlich Schaden zu: Die Säure hat den Zahnschmelz »erweicht« – durch das Bürsten mit Zahnpasta wird er schlicht weggeputzt. Der Zahnschmelz lässt sich allenfalls mit einer niedrig dosierten Fluoridlösung mineralisieren. Der Verfall der Zähne ist oft dramatisch, manchmal müssen sie sogar gezogen werden.

Doch Magensäure schädigt nicht nur die Zähne: Sie führt zu Verätzungen im Mund- und Rachenraum und in der Speiseröhre. Es kommt zu schmerzhaften Entzündungen und Vernarbungen bis hin zur Verengung der Speiseröhre.

Bulimiekranke wirken im Gesicht oft aufgedunsen, da sich die Speicheldrüsen in den Wangen krankhaft vergrößern. Sie entwickeln so genannte »Hamsterbacken«. Die Ohrspeicheldrüsen schwellen an, weil Magensäure die feinen Kanäle verstopft. Durch Verätzungen kommt es zu schmerzhaften Entzündungen und Schwellungen. Auch durch extrem ausgebildete Kaumuskeln und geschwollene Lymphdrüsen kann ihr Gesicht verquollen wirken.

Durch häufiges Erbrechen sind Bulimiker oft heiser. Da Brechattacken anstrengend sind, haben sie geplatzte Äderchen in den Augen und wirken »verweint«.

Chronische Krankheitsverläufe führen wie bei der Magersucht zu schweren Veränderungen im Hormon- und Elektrolythaushalt (siehe Magersucht). Spätfolgen von Bulimie sind: Osteoporose, Zyklusstörungen bis hin zur Unfruchtbarkeit, Herzrhythmusprobleme (im schlimmsten Fall Herzstillstand), Verstopfung, Störungen der Magen-Darmfunktion, Sodbrennen,

Nierenschäden, Lungenprobleme, Muskelschwäche, Muskelkrämpfe und leichte Lähmungserscheinungen. Auch das Nervensystem wird geschädigt.

Nicht nur bei Fettleibigkeit entstehen Gallensteine: Durch exzessive Diäten ohne Fett (wie bei Saftkuren) können sich nach nur acht Wochen Gallensteine bilden, weil sich die Gallenblase nicht völlig entleeren kann (das geschieht nur, wenn man etwa zehn Gramm Fett pro Tag zu sich nimmt).

Bulimiker sind häufig müde, fühlen sich schwach, frieren leicht, leiden unter Kopfschmerzen, sind oft unruhig, haben Angstgefühle und Depressionen. Bulimiker sind außerdem suizidgefährdet.

Pillen und Pülverchen

Um abzunehmen, ist schon Kindern und Jugendlichen jedes Mittel recht: Essstörungen und Medikamenten-Missbrauch gehen Hand in Hand. Statt den Finger in den Hals zu stecken, greifen viele Betroffene zu Pillen oder Pülverchen, um die Nahrung möglichst schnell aus dem Körper zu schaffen. Mit Abführmitteln (Laxantien), Entwässerungstabletten (Diuretika), Appetitzüglern und diversen Wundermittelchen auf »rein pflanzlicher« Basis versuchen sie, den Zeiger auf der Waage nach unten zu zwingen. Die Folgen: Kurzfristiger Gewichtsverlust, langfristige Schädigungen! Doch der Markt der Mittelchen boomt: Für rezeptfreie Schlankheitsmittel wurden 1999 knapp 142 Millionen Mark ausgegeben (Institut für Medizinische Statistik, Frankfurt).

Der Missbrauch von Abführmitteln bringt die Magen-Darmtätigkeit total durcheinander. Die Darmflora – das sind wichtige Bakterien und Hefen, die in einem komplexen Zusammenspiel Verdauung möglich machen – wird zerstört. Irgendwann ist die Darmmuskulatur ohne Abführmittel nicht mehr in der Lage, zu kontrahieren: Sie erschlafft und man muss immer mehr Abführmittel nehmen, um einen Effekt zu erzielen.

Abführmittel sind nie harmlos – auch wenn sie rezeptfrei über den Ladentisch gehen! Über 500 derartige Mittel sind auf dem Markt. Quellstoffe (Leinsamen, Kleie, Zellulose) gehören noch zu den eher ungefährlichen »Helfern«. Sie verbinden sich mit Flüssigkeit, quellen auf und dehnen so die Darmwand. Das fördert die Kontraktion (Beweglichkeit) des Darms und macht den Stuhl voluminöser, was den abführenden Effekt erzielt. Doch auch die Quellstoffe sind nicht risikofrei: Wer bei der Einnahme nicht genug trinkt, kann einen Darmverschluss begünstigen.

Salinische Präparate, die Natrium- und Magnesiumsulfat enthalten, arbeiten anders als Quellstoffe. Sie entziehen dem Körper viel Wasser und dehnen so den Darm aus. Durch den Missbrauch von Abführmitteln verliert der Körper nicht nur Flüssigkeit, sondern auch Mineralstoffe wie Kalium und Kalzium. Es kommt zu einem gefährlichen Elektrolytverlust. Herzrhythmusstörungen und Muskelkrämpfe sind die Folge. Das Gewicht verändert sich nur kurzfristig, weil der Körper statt Fett Flüssigkeit verliert.

Unangenehme Blähungen und das aufgeblasene »Ballongefühl«, Durchfall und Bauchschmerzen gehören noch zu den harmloseren Nebenwirkungen. Abführmittel verursachen brennende, krampfartige Leibschmerzen. Die Darmwand kann sich entzünden, die Nervenversorgung des Darms wird geschädigt. In schweren Fällen kommt es zu anatomischen Darmveränderungen. Chronischer Missbrauch kann zu Magen-Darmblutungen führen. Die Patienten leiden auch unter Haarausfall und Hautveränderungen.

Mediziner warnen auch vor so genannten als »natürlich« angepriesenen Abführmitteln (zum Beispiel Tees). Pflanzliche Mittel aus Rhabarberwurzel, Faulbaumrinde, Aloe und Senna können gefährliche Nebenwirkungen auslösen. Diese anthrachinonhaltigen Abführmittel stehen im Verdacht, die Entwicklung von Darmkrebs zu begünstigen. Außerdem schädigen sie das Nervensystem in der Darmwand. Deshalb wurde der freie Verkauf von »Kräuterdrogen« in Drogerien und Reformhäusern schon 1990 verboten. Bei dauerhaftem Gebrauch von Sennesblättern steigt außerdem das Risiko für Krebserkrankungen an Harnwegen und Nierenbecken.

Wer ständig Abführmittel nimmt, verwandelt den Darm auf Dauer in ein träges Rohr: Dann geht irgendwann ohne Pülverchen nichts mehr. Missbrauch führt zu Abhängigkeit. Ballaststoffreiche Ernährung (Gemüse, Vollkornprodukte, Obst, Kartoffeln) halten den Darm auch ohne Hilfsmittel in Schwung. Der Nahrungsbrei füllt den Darm und regt so die Verdauung an.

Übrigens: Täglicher Stuhlgang ist nicht erforderlich. Mediziner sprechen erst bei lediglich zwei Stuhlentleerungen pro Woche von einer Verstopfung (Obstipation). Begriffe wie »blutreinigend« und »entschlackend« fördern nur das Geschäft – im schlimmsten Fall zahlt der Kunde mit der Gesundheit.

Durch die Einnahme von Entwässerungsmitteln (Diuretika) verliert der Körper (ähnlich wie bei Abführmitteln) zwar jede Menge Wasser – und damit auch kurzfristig Gewicht – aber kein Gramm Fett! Trotz der werbewirksamen Aufforderung (»Nehmen sie doch einfach ein paar Liter ab ...«) ist die Freude über den Gewichtsverlust nur von kurzer Dauer: Der Körper versucht, den Flüssigkeitsverlust sofort wieder auszugleichen – und schon ist das »Wasser«-Gewicht wieder drauf.

Auch diese Produkte klingen verführerisch »natürlich«: Spargelpillen, Brennnessel- und Artischockensaft sind als Entwässerungsmittel auf dem Markt. Andere enthalten Birkenblätter und Gartenbohnenkraut.

Entwässerungsmittel regen die Nieren an, übermäßig viel Wasser auszuscheiden. Doch die harmlos klingenden Produkte sind nicht, wie allgemein behauptet, ohne Risiko: Beim »Entwässern« über den Urin werden wertvolle Mineralstoffe (Magnesium, Kalzium, Kalium) und Spurenelemente (Eisen und Zink) mit ausgeschwemmt. Der Stoffwechsel kommt völlig durcheinander. Erschöpfungszustände sind die Folge. In Extremfällen erhöht sich der Blutzucker, die Blutfett- und Harnsäurewerte steigen. Die Nieren werden geschädigt und es kann sogar zu Herzschwäche und Herzrhythmusstörungen bis hin zum Infarkt kommen. Zudem ist die Gefahr von Thrombosen und Embolien groß.

Von Appetitzüglern ist dringend abzuraten! Sie sind besonders für Kinder und Jugendliche eine große Gefahr und sollten auch von Erwachsenen (wenn überhaupt!) nur unter strenger ärztlicher Aufsicht genommen werden. Sie verursachen schwerste Nebenwirkungen und können durch Herzklappenschäden und Lungenhochdruck zum Tode führen! Appetitzügler wirken direkt auf das zentrale Nervensystem, stimulieren das Sättigungszentrum im Gehirn und unterdrücken das Hungergefühl. Ephedrinhaltige Mittel verursachen Herzrasen, Halluzinationen, Bluthochdruck, Schwindel, führen zu Einschlafstörungen und können schwere Depressionen auslösen. Außerdem machen sie bei längerer Einnahme süchtig.

Diätpillen-Skandale mit tödlichem Ausgang sind traurige Realität im Kampf gegen die Pfunde. Immer wieder müssen

Präparate vom Markt genommen und verboten werden. Bei Appetitzüglern heißt es auf jeden Fall: Finger weg! Das Gesundheitsrisiko ist immens – der Effekt allenfalls kurzfristig: Nach dem Absetzen der Appetitzügler nimmt man meist zügig wieder zu.

Jo-Jo & Co.: Der Anti-Diät-Trick des Körpers

Vor Urzeiten gab es keine gefüllten Kühlschränke und Supermarktregale: Die Menschen waren Jäger und Sammler. Und sie machten nicht jeden Tag fette Beute. War das Wild schneller als der Mensch, brutzelte kein Fleisch über der Feuerstelle. Den Sippenmitgliedern knurrte der Magen! Damit die Menschen nicht gleich verhungern mussten, hatte die Natur den Körper mit einem »Trick« ausgestattet: Der Energieverbrauch in Ruhe (Grundumsatz) wird automatisch gesenkt. Je weniger es zu essen gibt, umso weniger Energie wird verbrannt.

Dieser Trick funktioniert auch heute noch. Wie vor vielen tausend Jahren reagiert der Körper auf Notzeiten – und so interpretiert er eine Diät – mit der Senkung des Grundumsatzes. Er läuft auf Sparflamme und kommt mit der Hälfte der Nahrung aus. Dabei nimmt er anfangs schnell ab, ab einem gewissen Punkt tritt jedoch plötzlich ein Stillstand ein (jeder, der einmal eine Diät gemacht hat, kennt diese »frustrierende« Phase), das Gewicht bleibt über einen längeren Zeitraum konstant.

Wird nach der Diät wieder normal gegessen, legt man rasch wieder an Gewicht zu. Meist kommen sogar noch ein paar Kilo obendrauf. Denn der niedrige Grundumsatz lässt sich nicht so schnell wieder ankurbeln. Der Körper hat während der Diät gelernt, das wenige Essen »besser« zu verwerten. Isst man wieder mehr, stellt er sich nicht einfach um.

Der Anti-Diät-Trick des Körpers führt zum berüchtigten Jo-Jo-Effekt. Der Körper lernt von Diät zu Diät immer besser, mit »Notzeiten« umzugehen. Nach jeder weiteren Hungerphase steigt deshalb das Gewicht. Dieser Effekt kann in Essstörungen enden, weil die Betroffenen im Extremfall verzweifelt versuchen, durch Erbrechen oder Magersucht das Gewicht dauerhaft zu reduzieren. Ein Teufelskreis, der geradewegs in die Sucht führen kann.

Nach der »Set-Point«-Theorie haben Menschen kein Einheitsgewicht, das sich nach Größe, Alter und Geschlecht in Tabellen packen und ablesen lässt. Jeder Mensch hat seinen ganz individuellen, genetisch bedingten Set-Point und damit sein persönliches Normalgewicht. Das heißt: Wenn zwei gleich große, gleich alte Menschen normal essen und sich ausreichend bewegen, können sie trotzdem unterschiedlich viel wiegen. Dabei geht es jedoch um Schwankungen, die im normalen Rahmen liegen. Unter- oder Übergewicht haben nichts mit dem Set-Point zu tun.

Immer wieder wird versucht, die »richtigen« Körpermaße zu definieren, um zu klären, was Unter-, Normal- oder Übergewicht eigentlich sind. Von einer Faustformel – Körpergröße minus 100 gleich Normalgewicht – ist die Wissenschaft bereits wieder abgerückt. Heute gilt der so genannte Body-Mass-Index (BMI) zur Beurteilung des Körpergewichtes. Er errechnet sich aus dem Körpergewicht in Kilo geteilt durch die Körpergröße in Metern zum Quadrat. Danach hat eine Frau, die 70 Kilo wiegt und 1,70 groß ist, einen BMI von 24,2 kg/m^2. Sie hätte damit Normalgewicht (ab einem BMI von 18,5). Ein BMI von 25 bis 29,9 bedeutet Übergewicht, von 30 bis 39,9 Fettsucht und alles darüber ist extreme Fettsucht. Ein BMI unter 18,5 bedeutet Untergewicht.

Vorwürfe helfen nicht, sie schaden

Ist eine Essstörung auffällig geworden, reagieren Familienmitglieder aus Verzweiflung, Unsicherheit, Schuldgefühlen und Hilflosigkeit häufig mit Vorwürfen. Entweder quälen sie sich selbst, den Ehepartner oder das Kind. Wut, Trauer, übertriebene Fürsorge oder Ignoranz sind oft die Folgen. Das Essproblem wird zum Familienproblem. Nicht selten sind alle in Mitleidenschaft gezogen, konzentrieren sich hektisch auf das Problemkind. Beim verzweifelten Kampf gegen die Krise spitzt sich die Situation noch zu. Es kommt immer häufiger zu Auseinandersetzungen und Streitigkeiten. Eltern beschuldigen sich gegenseitig, die Essstörung verursacht oder begünstigt zu haben: »Nur weil du immer so streng warst, ist es überhaupt so weit gekommen ...«! Oder sie machen das Kind fertig (»Ich hab dir schon immer gesagt ...«). Alle stehen unter Anspannung. Der Druck ist groß und entlädt sich meist bei den Mahlzeiten. Essen wird zum Thema Nummer eins. Wenn Hilfsmaßnahmen fehlschlagen, wachsen Enttäuschung und Hilflosigkeit von Tag zu Tag. Auf der Suche nach den Ursachen quälen sich die Beteiligten gegenseitig.

Gewiss sind Eltern von einer gewissen Schuld nicht generell freizusprechen. Doch ein Verharren im Aufrechnen von Fehlern ist bei der Problemlösung extrem kontraproduktiv. Außerdem sind Vorwürfe für das betroffene Kind nur wenig hilfreich. Speziell Mütter nehmen die Schuld auf sich und sehen in der Essstörung eine persönliche Niederlage. Schließlich sind sie in den meisten Fällen für das Essen und die Erziehung zuständig. Der Vorwurf, versagt zu haben, führt zu schweren Schuldgefühlen. Die Beziehung der Familienmitglieder untereinander ist belastet.

Jetzt ist es besonders wichtig, nicht in Panik zu geraten oder im Gegenteil das Problem unter den Tisch zu kehren. Essstörungen müssen aktiv angegangen werden. Es sollte so schnell wie möglich etwas unternommen werden. Dabei ist Hilfe von außen, von Ärzten, Therapeuten und Selbsthilfegruppen in den meisten Fällen unbedingt erforderlich. Oft lässt sich nur durch eine gewisse Distanz, wie Außenstehende sie haben, das Problem aufdecken, hinterfragen und klären. Die betroffenen Familienmitglieder sind meist in ihrer eigenen Sicht der Dinge, dem über Jahre gelebten und eingefahrenen Verhaltensmuster, verstrickt. Schon deshalb sind sie nicht in der Lage, die Ursachen klar zu erkennen. Ursachenforschung ist jedoch das A und O auf dem Weg, alte Fehler auszumerzen und einen Neufang zu wagen. Um Fehler zu erkennen, ist eine den beteiligten Parteien meist fehlende Distanz erforderlich.

Der offene, ehrliche Umgang mit den Bedürfnissen einzelner Familienmitglieder, das Gewähren von Freiräumen und das Aussprechen von Problemen (unabhängig vom Problem des gestörten Essverhaltens) ist wichtig. Liebe, Zuneigung und Verständnis sind elementar für einen Neubeginn. Familientherapeuten können den Weg weisen. Sie erkennen im Gespräch Verhärtungen und können helfen, diese zu lösen.

In erster Linie sollten sich Eltern darüber im Klaren sein, dass ausgeprägte Essstörungen »Süchte« sind, die nicht mit Sätzen wie »Iss doch einfach wieder« oder »Iss doch einfach weniger« abgetan werden können. Rettungsversuche, die das eigentliche Problem vertuschen oder verdrängen, können nicht erfolgreich sein. Verborgene Krisen müssen aufgedeckt und bearbeitet werden. Essgestörte Kinder kreieren unbewusst ein Problem, zum Beispiel um eine Scheidung zu verhindern. Sie wollen so die Eltern in der Sorge um ihre Person wieder vereinen. Doch der

»Nebenkriegsschauplatz Essstörung« verdrängt das eigentliche Problem meist nur kurzfristig.

Alle Familienmitglieder müssen akzeptieren, dass in der Vergangenheit Fehler passiert sind. Man kann sie nicht ungeschehen machen und auch nicht einfach reparieren. Sie zu erkennen ist zunächst wichtig. Es geht darum, Fehler aufzuarbeiten und auszumerzen, um mit einer eventuell anstehenden Veränderung (zum Beispiel einer Trennung der Eltern) besser fertig zu werden.

Dabei müssen das Beziehungsgeflecht und die Machtverhältnisse in der Familie (wer ist dominant, wer unterdrückt wen?) betrachtet werden. Differenzierte Bedürfnisse müssen akzeptiert und einbezogen werden. Eltern müssen ohne Schuldzuweisungen mit dem Kind neu in Kontakt treten. In jeder Familie gibt es Zwänge, gegenseitige Erpressungen (»Wenn du dies machst, kriegst du das ...«), Aufrechnungen (»Ich hab immer alles für dich getan und du hast nie ...«) und unterschiedliche Bedürfnisse. Der Umgang mit Konflikten ist entscheidend: Sie zu verschweigen ist genauso tödlich wie sie in zermürbenden Streitereien, die sich meistens im Kreis drehen, auszuleben.

Der emotionale Umgang in Familien ist oft gestört. Essstörungen können durch zu wenig, aber auch durch zu viel an Nähe hervorgerufen werden.

Auch Eltern haben ihre Probleme: Sie sollten sie akzeptieren und angehen. Dass Kinder unter Konflikten leiden, ist normal. Lebendiges Familienleben ist keine schnulzige Soap-Opera, in der ständig jeder den anderen lieben muss. Dauerhafte, immerwährende Harmonie gibt es nicht. Auch wenn in einigen Familie der Anspruch herrscht. Es kommt allerdings auf den Umgang mit Disharmonie und Streit an. Wenn an Lösungen gearbeitet wird, haben Kinder Verständnis für die Probleme der Erwachsenen. Auch wenn es dann mal hoch hergeht. Dauerkonflikte, eisiges Schweigen, stilles Ertragen von Problemen lässt Kinderseelen leiden.

Offenheit kann Konflikten die Schärfe nehmen. Kinder sollten zu einem gewissen Grad eingeweiht werden (»Mutti und Vater sind unterschiedlicher Meinung, aber das hat nichts mit dir zu tun ...«), damit das Kopfkino keine Horrorvisionen vorgaukelt. Verschweigen oder Vertuschen von Problemen macht Kinder hilflos. Sie spüren, dass etwas nicht in Ordnung ist und wollen unbewusst eine Klärung. Offenheit ist zwar eine Gradwanderung, aber immer noch besser als keine Auseinandersetzung.

Es gibt Geschehnisse in Familien, die dauerhaft Narben hinterlassen: Tod und Trennung, Existenzängste, Beleidigungen und emotionale Unsicherheit, Gewalt und Missbrauch. Bei schwer wiegenden Verletzungen ist ohne Hilfe von außen meist keine Lösung möglich.

Vor allem muss die Frage geklärt werden, warum ein Kind mit Essstörungen reagiert: Fühlt es sich nicht angenommen? Können Eltern ihr heranwachsendes Kind nicht loslassen? Wovor hat das Kind Angst? Kinder dürfen nicht das Gefühl haben, allein zu sein. Essgestörte Kinder und Jugendliche brauchen vor allem Verständnis, Hilfe und Liebe!

Wo finde ich Hilfe für mein Kind?

Die Vertrauensperson

Probleme machen einsam. Kinder und Jugendliche, die unter Essstörungen leiden, schämen sich. Sie versuchen lange Zeit, ihr Problem geheim zu halten und allein in den Griff zu bekommen. Die meisten sind verschlossen, ziehen sich zurück und kapseln sich völlig ab. Wichtig ist, die Betroffenen aus der Isolation herauszuholen. Das »Öffentlich-Machen« des Problems, die Offenheit des Betroffenen selbst ist der erste Schritt auf dem Weg zur Heilung.

Maike (17) war bereits über zwei Jahre bulimiekrank, als eine Freundin sie zufällig auf der Toilette in der Schule überraschte, während sie ihr Essen erbrach. »Ich glaube, du hast da ein Problem«, sagte die Freundin damals zu Maike. »Ich kenne das gut – du bist bulimiekrank. Ich war es auch ...«

Für Maike war es wie eine Erlösung. »Als ob sich plötzlich ein Knoten löst: Ich konnte mich jemandem anvertrauen«, meint sie heute. »Da war nach all den vielen Monaten der Einsamkeit jemand, der mich verstand.« Ihre Freundin Vera nannte Maike den Namen eines Arztes, bei dem sie selbst in Behandlung war. Sie riet Maike, sich diesem Arzt anzuvertrauen. »Ich konnte ihren Rat annehmen, denn sie machte mir keine Vorwürfe. Außerdem wusste Vera, wovon sie sprach. Endlich hat mich jemand verstanden! Ich hab damals in ihrem Arm lange geweint und viel geredet. Dann haben wir den Arzt angerufen und einen Termin für mich vereinbart.«

Essgestörte fühlen sich in dem Teufelskreis der Sucht gefangen. Das Gespräch mit einem Menschen, dem sie trauen können, ist extrem wichtig. Es kann ein Elternteil, aber auch eine Freundin oder ein Freund, ein Lehrer oder ein Arzt sein. Der Mensch, der ins Vertrauen gezogen wird, trägt eine große Verantwortung. Vorwürfe (»Warum hast du nicht auf mich gehört ...«), Ablehnung (»Dann sieh mal zu, wie du jetzt fertig wirst ...«) und Verdrängung (»Das ist alles halb so schlimm ...«) können fatale Folgen haben. Das einmal gefasste Vertrauen ist nur ein zartes Pflänzchen, das durch falsche Reaktionen sofort zertreten werden kann. Spüren die Betroffenen gleich beim ersten Gesprächsversuch Ablehnung und Unverständnis, werden sie sich sofort wieder zurückziehen und in eine noch tiefere Isolation gestürzt. Eine große Chance wäre vertan. Ganz gleich, ob man angesprochen wird oder jemanden, der unter Essstörungen leidet, von sich aus anspricht: Es sollte ein ruhiges, unaufgeregtes Gespräch sein, für das man sich Zeit nimmt. Betroffene dürfen nicht sofort mit der Verzweiflung der Eltern oder einem Schwall von Emotionen überschüttet werden. Hilflose Helfer sind keine große Hilfe!

Essstörungen bei Kindern hängen häufig mit Ehe- und Familienproblemen zusammen. Sie können nicht losgelöst davon behandelt werden. Wer keinen geeigneten Gesprächspartner in seinem näheren Umfeld findet, kann sich für ein erstes Informationsgespräch auch an Erziehungs- und Drogenberatungsstellen, den Vertrauenslehrer oder Drogenbeauftragten der Schule, an kirchliche, städtische oder staatliche Stellen wenden. Meist wissen die Mitarbeiter dort, wo in der jeweiligen Stadt oder Region eine Einrichtung geeignete Hilfe anbietet.

Der Arzt

Essstörungen sind psychosomatische Erkrankungen. Der Arzt muss dies auch erkennen und die Essstörung als Krankheit ernst nehmen. Es kommt leider vor, dass Essgestörte mit gutgemeinten Ratschlägen (»Du musst jetzt einfach mehr/weniger essen ...«) und Medikamenten abgespeist werden. Wenn sich der Arzt nur auf die Behandlung der körperlichen Auswirkungen wie Magenbeschwerden oder das Aussetzen der Regel beschränkt oder zum Beispiel Einlagen gegen Plattfüße verschreibt, sollte ein anderer Arzt hinzugezogen werden. Das vertrauensvolle Gespräch mit dem Hausarzt, einem Internisten oder Gynäkologen steht oft am Anfang, um weitere Behandlungsschritte einzuleiten. Dabei ist Verständnis für die Erkrankung und die Situation des Patienten unbedingt erforderlich. Wenn die Seele krank ist, kann kein Skalpell den Schmerz herausschneiden. Psychotherapeutische Hilfe ist erforderlich. Beim Hausarzt können oft nur die Weichen für eine weitere Behandlung gestellt werden.

Die Klinik

In schweren Fällen sprechen viele Gründe für eine Rundum-Betreuung in einer Spezialklinik für Essstörungen oder einer Klinik für psychosomatische Krankheiten. Im Körper tickt bei starkem Über- oder Untergewicht und Bulimie eine Zeitbombe: Schwere Erkrankungen, wie in den vorangegangenen Kapiteln beschrieben, können später als Folge von Essstörungen auftreten oder akut die Gesundheit bedrohen. Da nicht nur der Körper, sondern vor allem die Seele leidet, muss eine psychologisch-heilpädagogische Behandlung auf den Patienten abgestimmt werden. Ein Klinikaufenthalt ist dringend angeraten bei Suizid-Gefahr, schweren körperlichen und psychischen Störungen und wenn Essen oder Nicht-Essen bereits Suchtcharakter haben.

Die gängige Behandlung bei einem stationären Aufenthalt ist meist mit einer strikten Trennung vom Elternhaus verbunden. Das kann in bestimmten Fällen zur Heilung beitragen. Es gibt auch Kliniken, die andere Wege gehen und Eltern in die Therapie mit einbeziehen. Die Therapeuten gehen bei diesem Ansatz davon aus, dass Kinder den Rückhalt der Eltern brauchen und mit ihrer Hilfe die Erkrankung besser bewältigen.

Die Wahl der Klinik hängt unter anderem von der persönlichen Krankengeschichte ab, die Therapie sollte auf den Einzelfall zugeschnitten sein. In Deutschland gibt es sehr gute Kliniken für die Behandlung von Essstörungen. Der behandelnde Arzt kann die Notwendigkeit eines Klinikaufenthaltes gegenüber der Krankenkasse bestätigen und eine Überweisung für einen stationären Aufenthalt einleiten. Bei der Suche nach der geeigneten Klinik sind auch die Krankenkassen behilflich.

Kinder und Jugendliche leben sich meist sehr schnell in den Klinikalltag ein, fühlen sich behütet und in der Gemeinschaft mit anderen Betroffenen aufgehoben und verstanden. Es hilft ihnen, wenn sie für eine gewisse Zeit (mindestens sechs Wochen) aus ihrem sozialen Umfeld herauskommen. Eine Langzeittherapie dauert drei bis sechs Monate. Gerade wenn die äußeren Umstände – zum Beispiel Schwierigkeiten im Elternhaus, in der Schule, im Umgang mit anderen – belastend sind, ist ein Klinikaufenthalt sehr hilfreich.

Kliniken sind weder Diätfarmen für Dicke noch Aufpäppel-Stationen für Dünne! Der Erfolg lässt sich nicht nur in Kilos messen: Ziel ist eine veränderte Lebenseinstellung und eine Änderung des Verhaltens. Die Eigenverantwortlichkeit wird gestärkt, die Selbstsicherheit trainiert. Die Patienten lernen, auf ihre Gefühle zu achten und die Signale des Körpers wahrzunehmen.

Neben der medizinischen Versorgung stehen in den Kliniken vielfältige therapeutische Angebote zur Verfügung. Dabei geht es nicht nur darum, Konflikte aufzuspüren. In jedem Patienten werden obendrein »Stärken« entdeckt, die ihm helfen, aus der Krankheit herauszufinden. In einer Einzel- und Gruppentherapie erkennen die Betroffenen eingefahrene Denk- und Gefühlsmuster, reden über Erfahrungen und Schwierigkeiten. Die oft unbewussten Ursachen und Konflikte lassen sich jedoch gerade bei Kindern und Jugendlichen nicht nur verbal aufspüren (psychoanalytischer Ansatz): Musik- und Gestalttherapie eröffnen neue, nicht-verbale Wege zu den Gefühlen. In allen Kliniken nehmen körperbezogene Therapieverfahren einen großen Raum ein: Die Betroffenen drücken in Rollenspielen, aber auch mit Ton oder Farben ihre Gefühle und Ursachen für die Essstörung aus. Sie phantasieren zu Bildern, die der Therapeut vorgibt (katathymes Bilderleben).

Nicht nur reden und gestalten helfen heilen. Bewegungs- und Sporttherapien verbessern durch die körperliche Aktivität das seelische Wohlbefinden. Entspannungstechniken werden erlernt und trainiert. Physikalische Therapien (Bäder, Massagen etc.) gehören ebenfalls zum Heilprogramm. Die Patienten lernen außerdem unter pädagogischer Führung, ihre Freizeit zu gestalten (zum Beispiel durch Wandern, Spielen oder Feste feiern).

Anti-Diät-Gruppen vermitteln ein gesundes Verhältnis zwischen Ernährung und Gewicht. Im Mittelpunkt steht die Normalisierung des Essverhaltens. In Lehrküchen wird der praktische Umgang mit Lebensmitteln geübt (einkaufen, kochen und Portionsgrößen). In »Ess-Protokollen« wird festgehalten, wann und wie viel man isst. Wie in einem Tagebuch werden Befindlichkeiten vor und nach dem Essen, Gedanken und Gefühle, Größe der Portionen, Sättigungsgefühl etc. aufgeschrieben und besprochen. Das hilft ebenfalls, den richtigen Umgang mit Essen zu erlernen.

Das Klinikteam setzt sich aus Ärzten verschiedener Fachrichtungen, Dipl.-Psychologen, Sport- und Bewegungs-, Gestaltungs- und Ergotherapeuten, Ernährungsexperten und Sozialpädagogen zusammen. Das gewährt eine Versorgung von Körper und Seele. In der medizinisch-psychosomatischen Klinik Roseneck (80 Plätze für Patienten mit Essstörungen) hat jeder Patient einen »Bezugstherapeuten«.

Speziell für Kinder und Jugendliche gibt es Kliniken mit schulischer Betreuung. So führen zum Beispiel in der Spessart-Klinik in Bad Orb 14 Lehrer den Unterricht weiter. Die Klinik arbeitet speziell mit übergewichtigen Kindern und hat 150 Plätze. Die Kinder essen reduziert, bewegen sich mehr und haben schnell Erfolg. Doch Abnehmen läuft in erster Linie über den Kopf – nicht über den Magen. Der Erfolg wird nicht an den Kilos festgemacht: Ziel ist ein Wohlfühl-Gewicht.

Mit Magersüchtigen und Bulimikern wird zu Beginn einer Therapie in der Klinik häufig ein »Ess-Vertrag« abgeschlossen, der von beiden Seiten unterschrieben wird. Darin ist individuell festgelegt, wie viel zu- oder abgenommen werden darf (zum Beispiel 300 Gramm pro Woche). Wird der Vertrag gebrochen, werden Sanktionen (Kontaktsperre, Besuchsverbote oder Geländearrest) verhängt.

Oft zeigt sich erst nach einem halben Jahr oder später, ob die Kinder genug Kraft für ein Leben außerhalb der Klinik getankt haben. Essstörungen lassen sich nur selten in kurzer Zeit bewältigen. Deshalb wird nach einem stationären Aufenthalt eine ambulante Therapie empfohlen, da bei der Rückkehr in die alte Umgebung häufig auch die alten Probleme wieder aufbrechen.

Bei allen ärztlichen Bemühungen ist die Motivation der Patienten, die Essstörung bekämpfen zu wollen, ganz entscheidend.

Die Tagesklinik

Am Max-Planck-Institut für Psychiatrie in München werden Magersüchtige und Bulimiekranke in einer Tagesklinik psychotherapeutisch behandelt (Einzel- und Gruppentherapie). Es ist die erste Einrichtung dieser Art für besonders schwere Fälle in Europa. Nach einem bestimmten Stundenplan verbringen die Patienten ihren Tag in festen Gruppen in der Klinik. Psychotherapie steht zwar im Vordergrund, aber es wird auch gemeinsam gekocht und gegessen. Geschlafen wird außerhalb der Klinik zu Hause bei den Eltern oder in Wohngemeinschaften. Die Betroffenen sollen in ihrem sozialen Umfeld bleiben, denn ihr geändertes Essverhalten muss sich später außerhalb der behüteten Atmosphäre einer Klinik im Alltag bewähren.

Auf Bulimiekranke hat sich das Christoph-Dornier-Centrum für Klinische Psychologie in Münster spezialisiert. Auch diese Einrichtung verfügt nicht über Betten wie eine Klinik. Nach einem Erstgespräch werden den Patienten individuelle Therapievorschläge gemacht und eine »diagnostische Untersuchung« (Diagnostik-Tag) durchgeführt. Dann folgt eine Intensivtherapie: Gemeinsames Einkaufen, Restaurantbesuche und Spaziergänge gehören zu den praktischen Übungen, die zu einem normalen Essverhalten führen sollen.

Die Wohngemeinschaft

Der stationäre Aufenthalt in Spezialkliniken wird von den meisten Essgestörten als positiv empfunden. Nach der Entlassung aus der Obhut, die bei der stationären Betreuung empfunden wird, erleben viele Patienten die »alte« Situation im Alltag als besonders krass: Nur selten haben sich die äußeren Umstände zum Beispiel in den Familien geändert. Die Rückfallquote ist dementsprechend hoch. Wohngemeinschaften können eine Brücke bauen und die Lücke zwischen Klinikaufenthalt und ambulanter Therapie schließen.

In München hat sich eine neue Therapieform etabliert, die gute Erfolgsaussichten hat und speziell Jugendliche ab 16 Jahren anspricht: Die psychologisch betreute Wohngemeinschaft. Das Therapiemodell nach amerikanischem Vorbild nennt sich »pathway« (Scheideweg). Bisher existieren vier Wohngemeinschaften für Mädchen und junge Frauen bis 30 Jahre. Weitere WGs auch für Männer sind momentan im Aufbau. In der Gemeinschaft mit anderen lernen Essgestörte, ein eigenständiges Leben zu führen.

Für Jugendliche ist »pathway« eine Möglichkeit, sich vom Elternhaus zu lösen. Der Schritt wird ihnen durch die WG erleichtert, da sie nicht gleich auf sich allein gestellt sind und bei anderen Essgestörten Verständnis für ihre persönliche Lage finden. »Das ist extrem wichtig, denn wer an einer Essstörung leidet, hat sich oft isoliert«, meint der Leiter des Projekts, Psychologe Andreas Schnebel. In der WG werden wie in jeder Wohngemeinschaft anfallende Tätigkeiten wie Waschen, Aufräumen und Putzen von den Bewohnern in Eigenregie übernommen. Sie lernen so, das normale Leben zu bewältigen und finden zur Eigenständigkeit.

Der Aufenthalt dauert in der Regel sechs Monate. »pathway« richtet sich an Jugendliche, die eine Ausbildung absolvieren (Schule, Beruf) oder mindestens halbtags einer geregelten Beschäftigung nachgehen.

Für jeden in der Gemeinschaft stehen individuelle Einzel-, Gruppen- und Familientherapiestunden zur Verfügung. Zusätzlich werden körperorientierte Methoden wie Bewegungs- und Tanztherapie und die so genannten Anti-Diät-Programme durchgeführt.

Gemeinsam mit einer Ernährungsberaterin wird einmal pro Woche gekocht. Dabei wird »seelischer« und »körperlicher« Hunger unterschieden. Krisensituationen und Auslöser für Essanfälle werden analysiert und besprochen. So ändern sich die Einstellung zum Essen und das Ernährungsverhalten. Doch es geht in den Essgruppen auch um den praktischen Umgang mit Lebensmitteln: Wie kann ein Ernährungsplan aussehen? Was muss ich einkaufen? Wie groß sind normale Portionen und was mache ich mit den Resten? Fragen, auf die Essgestörte erst eine Antwort finden müssen.

Bei Alltagsproblemen (zum Beispiel Geldsorgen oder Jobsuche) werden die WG-Bewohner von Sozialpädagogen unterstützt und begleitet. In der Nähe niedergelassene Ärzte arbeiten eng mit »pathway« zusammen. Sie sind mit den körperlichen Folgen von Essstörungen vertraut. Die meisten Krankenkassen übernehmen die Kosten für das Therapieprogramm. Das Projekt ist von der Heimaufsichtsbehörde anerkannt, das heißt Sozialhilfeträger (zum Beispiel das Jugendamt) übernehmen die Miete, wenn es erforderlich ist.

Die Größe der WG liegt im Schnitt bei sechs Frauen. Die Bewohnerinnen helfen sich in vertrauter Atmosphäre gegenseitig. Man ist füreinander da, redet oft stundenlang über Niederlagen und Krisen, tauscht Erfahrungen aus und teilt Erfolgserlebnisse. Trotz des Miteinanders gibt es genug Freiräume innerhalb der WG.

Die Mischung zwischen intensiver Betreuung und Selbstständigkeit hat sich seit 1994 bewährt. Das WG-Konzept sollte bundesweit Vorbildcharakter haben. Es steht nicht nur Betroffenen im Umkreis von München offen, sondern hilft Essgestörten bundesweit. »pathway« arbeitet eng mit ANAD e.V., einer als gemeinnützig anerkannten Initiative zusammen, die Hilfe bei jeder Art von Essstörungen anbietet.

Die Therapie

Gerade bei essgestörten Kindern und Jugendlichen ist die so genannte systemische Familientherapie sehr hilfreich und Erfolg versprechend. Hinter Essstörungen stecken in den meisten Fällen familiäre Probleme, die sich oft schon in frühster Kindheit manifestiert und über die Jahre eine gefährliche Eigendynamik entwickelt haben. Häufig hat sich bei diesen essgestörten Kindern ein negatives Selbstbild über lange Zeit verstärkt und gefestigt.

Kinder sind in allen Bereichen (vor allem emotional) von den Eltern abhängig. Deshalb ist es ratsam, alle Familienmitglieder in eine Therapie einzubinden. Die Bereitschaft und Offenheit der Eltern für eine Mitarbeit ist absolut erforderlich. Die Betroffenen selbst sind nicht mehr in der Lage, ihre Situation richtig einzuschätzen. Die Familienmitglieder sind viel zu sehr in ihrer eigenen Geschichte verstrickt. Die Essstörung ist nur die Spitze des Eisbergs, unter dem gestörte Beziehungen und Verletzungen brodeln. So ahnt der Vater nicht im Ansatz, wie viel Druck er unterschwellig mit seiner ständigen Forderung nach Leistung ausübt. Und die Mutter kann nicht richtig einschätzen, wie sehr

sie bei ihrem Kind mit Jammern und Klagen Schuldgefühle aus-
löst. Ein Mangel an Distanz macht blind für das Naheliegendste.

Deshalb wird bei dieser Therapie das soziale System Familie
als »Patient« gesehen. Die Therapeuten – es sind meist zwei, am
besten eine Frau und ein Mann – stellen Fragen an die einzel-
nen Familienmitglieder, um Probleme, Sorgen und Nöte aufzudecken und diese zu analysieren. Im Gespräch lernen Essgestörte, ihre Gefühle gegenüber den Eltern direkt (also verbal)
auszudrücken – und nicht im stillen Protest über Essen beziehungsweise Nichtessen zu bewältigen. Das Ziel ist, Wut und Ärger nicht in sich hinein-, sondern auszusprechen.

Die Krankheit ist durch Kommunikationsstörungen in der Familie bedingt. Bei der Therapie geht es nicht nur um die eigentliche Essstörung, sondern um die Probleme, die diese Störung
hervorrufen und begünstigen.

Wird eine Essstörung von den Eltern erst einmal erkannt,
dreht sich häufig alles nur noch um die Erkrankung. Speziell die
Mütter Magersüchtiger versuchen entweder autoritär und mit
Drohungen (»Ich sperr dich ein, bis der Teller leer ist«) oder verständnisvoll animierend (indem sie ständig Essen anbieten), ihr
Kind wieder zum Essen zu bewegen. Durch Druck und Zwang
wird die Verweigerung jedoch nur verstärkt.

Die Essstörung ist auch Grund für Streitereien der Familienmitglieder untereinander. Geschwister fühlen sich häufig be-
nachteiligt, weil sich plötzlich alles um das suchtkranke Kind
dreht. Die wahren Gründe und Ursachen gehen im permanenten
Konflikt ums Essen unter. In der Familientherapie werden im
gemeinsamen Gespräch die Probleme aufgedeckt, die hinter der
Essstörung stehen. Probleme, die bisher über das Essen ausgetragen wurden. Auf neutralem Boden stellt der Therapeut eingefahrene Denk- und Verhaltensmuster infrage. Dabei werden die

Rollen, die einzelne Familienmitglieder spielen, genau analysiert: Was bedeutet der strenge Vater für das Kind? Wie wirken sich die Selbstverwirklichungsbestrebungen der Mutter auf die Tochter aus? Ist das Kind mit den Ansprüchen der Eltern überfordert? Komplexe Zusammenhänge werden aufgedröselt und unerfreuliche Wahrheiten ausgesprochen wie: »Ich hasse es, wenn meine Mutter als Friedensengel durch die Räume schwebt und Harmonie verbreiten will ...« Familienmitglieder haben oft ein ganz anderes Bild von sich im Kopf. In Gegenwart der Therapeuten lassen sich verschobene Wahrnehmungen klären.

Im Gespräch lernen alle Familienmitglieder einen »gesünderen« Umgang miteinander: zum Beispiel indem jeder auch eigene Bedürfnisse benennt und vertritt.

Der Therapeut bleibt in der Regel unparteiisch, hat Distanz zu seinen Klienten und kann so neue Wege weisen, die den krankmachenden Teufelskreis durchbrechen. Laut Experten sollten bei der Familientherapie zwischen den Sitzungen größere Abstände (etwa alle zwei bis vier Wochen jeweils 100 Minuten) liegen.

Neben der Familientherapie gibt es die Kinderpsychotherapie. Das heißt jedoch nicht, dass man sein Kind beim Therapeuten abgibt und nach der Behandlung geheilt wieder abholt. Die Eltern müssen auch bei der Kindertherapie aktiv mitarbeiten und zu Veränderungen bereit sein. Spielerisch wird das Kind an die Konflikte herangeführt (deshalb der Name »Spieltherapie«). Im Rollenspiel kann es seine Beziehung zu den Eltern oder anderen Menschen darstellen und Empfindungen ausleben. Gemeinsam mit dem Therapeuten lernt das Kind, seine Gefühle zu äußern. Allmählich bekommt es durch kreatives Spielen (Musik und Gestaltung) verbunden mit Gesprächen mehr Selbstvertrauen. Es muss allerdings Vertrauen zu dem

Therapeuten entwickeln und sich in seiner Gegenwart sicher und angenommen fühlen. Wenn das Kind später in der Lage ist, die Zuneigung des Therapeuten mit anderen Kindern zu teilen, ist im Anschluss eine Gruppentherapie zu empfehlen. Das Kind darf sich jedoch von den anderen nicht abgelehnt fühlen und muss gelernt haben, mit Kritik umgehen zu können. Ist das nicht der Fall, ist eine Gruppentherapie verfrüht.

Da Essstörungen psychosomatische Erkrankungen sind, ist eine Psychotherapie in den meisten Fällen notwendig. Obwohl nach Schätzungen von Experten rund 25 Prozent der deutschen Bevölkerung an psychischen Störungen leiden, sind nur sehr wenige (etwa fünf Prozent) bereit, das für sich selbst anzuerkennen. Eine Reihe von Vorurteilen und eine allgemeine Unwissenheit (»Ich bin doch nicht verrückt ...«) sind ausschlaggebend für die rigorose Ablehnung. Kinder und Jugendliche haben diese Einstellung oft übernommen. Viele Hilfesuchende haben eine Odyssee von Arzt zu Arzt hinter sich, bevor sie sich entschließen, eine Therapie zu machen. Ist der Entschluss gefasst, stellt sich die Frage: Wo finde ich einen geeigneten Therapeuten und welche Art von Psychotherapie ist die richtige?

In Bonn sitzt der Psychotherapie-Informations-Dienst (PID), der Ratsuchenden bundesweit bei der Suche nach einer richtigen Therapie kostenlos behilflich ist. Im Telefonbuch gibt es zwar eine Fülle von Adressen, aber keine näheren Angaben zu Spezialgebieten. Man ist verwirrt, fürchtet, an Scharlatane zu geraten und kann die Qualifikation der Therapeuten nicht einschätzen.

Der PID schließt mit seinem Service diese Lücke und nennt Adressen von Therapeuten, welche die gesetzlichen Voraussetzungen erfüllen und in der Nähe des Wohnortes praktizieren. Gleichzeitig erfährt man hier, welche Bedingungen für einen

Antrag bei der Krankenkasse erfüllt werden müssen und welcher Therapeut speziell Essstörungen behandelt.

Die wissenschaftliche Spezialisierung macht es dem Laien schwer, sich allein zurechtzufinden. Genauso wie es für körperliche Erkrankungen Spezialisten gibt, sind auch Psychotherapien dann besonders Erfolg versprechend, wenn das Problem gezielt mit einem bestimmten Verfahren behandelt wird. Selbst Ärzte können oft nur eher zufällig einen Therapeuten empfehlen, da ihnen die Übersicht über das Angebot fehlt.

Die Frage, ob die Krankenkasse die Kosten trägt, ist für viele Betroffene entscheidend. Für die Kostenübernahme von psychotherapeutischen Leistungen durch die gesetzliche Krankenkasse müssen einige Regeln beachtet werden. Vor Beginn der psychotherapeutischen Behandlung muss auf jeden Fall ein schriftlicher Antrag bei der Krankenkasse gestellt werden. Es muss eine Krankheit vorliegen, die vom Arzt bestätigt wurde und die psychotherapeutische Behandlung als medizinisch notwendig, zweckmäßig und wirtschaftlich eingestuft sein. Bei der Kostenübernahme für eine Psychotherapie durch die Krankenkasse gilt außerdem die Frage zu beantworten, ob der Therapeut im so genannten Delegationsverfahren (s. S. 140 unten) arbeitet. Die Liste der Therapeuten, die in einer bestimmten Stadt oder Region im Delegationsverfahren psychotherapeutische Behandlungen durchführen, erhält man bei der Krankenkasse. Die Kasse hilft auch bei der Suche nach Fachärzten, die eine Psychotherapie bescheinigen können. Wer einen Therapeuten seiner Wahl bevorzugt, der nicht im Delegationsverfahren arbeitet oder spezielle Methoden der humanistischen Psychologie anwendet, muss vorher mit seiner Kasse die Kostenübernahme klären. Eine Einzeltherapiestunde dauert in der Regel 50 Minuten und kostet zwischen 100 und 150 Mark.

Die Selbsthilfegruppe

Niemand muss mit seinen Problemen allein bleiben. Ein Gespräch mit anderen hilft, sich selbst zu helfen. Nach diesem Prinzip funktionieren Selbsthilfegruppen. Speziell Jugendlichen fällt es im Kreis Gleichgesinnter leichter, über eigene Probleme zu sprechen. Die Erfahrung, dass es anderen ähnlich geht, führt zu mehr Offenheit und Zuversicht. Man fühlt sich verstanden und angenommen, kann positive und negative Erlebnisse austauschen und sich informieren.

Das Wir-Gefühl verbindet: Der Betroffene verlässt seine Außenseiterrolle, Heimlichkeiten lösen sich auf – das Problem wird öffentlich und in der Runde fast »normal«. Im Idealfall unterstützen sich die Gruppenmitglieder gegenseitig: Jeder weiß, wovon der andere spricht! Niemandem ist das Problem fremd. Verständnis beruhigt, tröstet und hilft speziell über Krisensituationen leichter hinweg.

Am Anfang braucht man vielleicht etwas Mut, um sich zu öffnen. Doch Ängste, Schamgefühl und Misstrauen sind in der Regel nach dem ersten Treffen schnell überwunden. Diese Überwindung ist für die Betroffenen oft eine große Entlastung. Sie fühlen sich geradezu erleichtert, dass sie endlich mit ihrem Problem nach außen gehen können.

Gemeinsamkeit spornt an, eingefahrene Verhaltensmuster abzulegen. Jeder kann vom anderen lernen. Rückschläge sollten nicht verurteilt oder gewertet werden. Der Betroffene soll sich in erster Linie aufgefangen und verstanden fühlen. Trotzdem gehören Spannungen, Enttäuschungen und Frust zu Gruppentreffen. Die Ursachen können vielfältig sein. Eine zu hohe Erwartungshaltung ist ein Grund. Wer hingeht, um allein für sich zu profitieren, ist nicht gut beraten. Selbsthilfegruppen funktionieren nur, wenn das Geben und Nehmen einigermaßen ausgewogen ist. Jeder sollte versuchen, sich in den Kreis einzubringen und auch für andere da zu sein. Gleichzeitig muss man sich der Kritik und Sichtweise der anderen stellen. Konstruktive Kritik lässt eigene Fehler erkennen.

Man trifft sich einmal pro Woche für etwa zwei Stunden zu Gruppensitzungen an einem neutralen Ort. Das Treffen sollte zu einem festen Termin im Alltagsablauf werden. Denn nur durch eine gewisse Regelmäßigkeit kann das Vertrauen untereinander wachsen und die gegenseitige Hilfe fruchten. Die Größe der Gruppe liegt normalerweise zwischen sechs und zwölf Personen. Der Kreis sollte nicht zu groß sein, damit jeder zu Wort kommt und sich einbringen kann. Es geht jedoch nicht nur darum, über sich selbst zu reden – aktives Zuhören ist ebenso wichtig.

Wer sich zu seinen Essstörungen bekennt, stärkt sein Selbstvertrauen und seine Eigenverantwortung. Durch das gemeinsame Gespräch bekommt man häufig erst einen differenzierten Blick für die eigene Situation. Einiges relativiert sich in der Gruppe. Es kann das eigene negative Empfinden für den Körper sein, wenn man erfährt, dass andere ihn akzeptieren und völlig neutral sehen. Gefühle oder unbewusst abgelaufene Verhaltensformen entdeckt man plötzlich neu.

Experten empfehlen aus diesem Grund gemischte Gruppen, in denen Übergewichtige, Magersüchtige, Bulimiekranke und Normalgewichtige mit Essstörungen gemeinsam Erfahrungen austauschen. So wird zum Beispiel Übergewichtigen deutlich, dass ihr Konflikt nicht nur mit dem Gewicht auf der Waage zusammenhängt und das Glück nicht ausschließlich an der erträumten Idealfigur hängt, wenn sie die Situation Magersüchtiger vor Augen haben. Besteht eine Gruppe dagegen nur aus

Magersüchtigen, besteht die Gefahr, dass sich ein Konkurrenz-
verhalten um die dünnste Figur herausbildet. Schon aus diesen
Gründen sind gemischte Gruppen für alle Betroffenen von Vor-
teil. Ideal wären außerdem Mitglieder, die sich in verschiedenen
Krankheitsstadien befinden: Wer beispielsweise seine Erkrankung schon annähernd überwunden hat, kann anderen in der
Gruppe wichtige Erfahrungswerte mitteilen.

Selbsthilfegruppen für Essgestörte sind keine Diätclubs, die
Waage und das aktuelle Gewicht werden nicht selten tabuisiert.
Vielmehr geht es darum, über Hintergründe des Suchtverhal-
tens zu sprechen.

Gemeinsame Unternehmungen wie Ausflüge, Kochabende
oder Kinobesuche sind ebenfalls wichtig. Gerade Essgestörte
haben sich häufig isoliert und nehmen am Leben nur noch sehr
eingeschränkt teil. Das kann in der Gruppe überwunden werden. Es lassen sich neue Beziehungen aufbauen, man kann sich
außerhalb der Gruppe treffen und etwas unternehmen.

Die Teilnahme an einer Selbsthilfegruppe ist sowohl vor und
während, aber speziell nach einer therapeutischen Behandlung
hilfreich. Nur in leichten Fällen und bei beginnenden Essstörungen kann die Selbsthilfegruppe eine Behandlung ersetzen.

Bei der Suche nach einer Selbsthilfegruppe kann man schon
beim Blick ins Telefonbuch fündig werden. Auch das Gesund-
heitsamt, städtische Stellen, Krankenkassen und Ärzte können
Adressen und Ansprechpartner nennen.

In Berlin sitzt die Nationale Kontakt- und Informationsstelle
zur Anregung und Unterstützung von Selbsthilfegruppen, kurz
NAKOS genannt. NAKOS bietet Informationen über die Existenz
und Arbeitsweise von Selbsthilfegruppen, Adressen und praktische Hilfe beim Aufbau einer neuen Gruppe. Auch die Deutsche
Arbeitsgemeinschaft Selbsthilfegruppen e.V. und die Koordina-

tion für Selbsthilfekontaktstellen in NRW, kurz KOSKON, sowie das Selbsthilfe-Büro Niedersachsen helfen mit Adressen weiter.

Die Beratungsstelle

In vielen Städten und Regionen gibt es bereits spezielle Beratungsstellen für Essstörungen. Im Anhang des Buches sind einige Adressen aufgelistet. Bei einem ersten Informationsgespräch helfen auch Drogenberatungsstellen, Ehe- und Familienberatungen, die Telefonseelsorge sowie Einrichtungen kirchlicher und staatlicher Träger und die Krankenkassen weiter.

Oft hilft schon ein Blick ins örtliche Telefonbuch, eine geeignete Institution zu finden.

Nach geltendem Recht wurde die selbständige und eigenverantwortliche Ausübung der Psychotherapie in allen ihren Erscheinungsformen den Ärzten übertragen. Wenn jedoch eine zu geringe psychotherapeutische Erfahrung des Arztes den Einsatz eines nichtärztlichen Psychotherapeuten (z. B. Diplompsychologen) für eine psychotherapeutische Behandlung erfordern sollte, kann dies unter allgemein ärztlicher Aufsicht und unter der Verantwortung eines delegationsberechtigten Arztes im Rahmen des so genannten Delegationsverfahrens (seit 1976) geschehen. Der im Delegationsverfahren tätige Diplompsychologe erhält (kassenrechtlich) dann den Status eines Heil-Hilfsberuflers.

Das Delegationsverfahren ist grundsätzlich eine »Kann-Bestimmung«, die ursprünglich als Übergangslösung geplant war, um die psychotherapeutische Versorgung durch die Mithilfe der Diplompsychologen zu vergrößern, ohne die Vorrangstellung der Mediziner im Gesundheitswesen aufgeben zu müssen. (Weitere Informationen zu Kostenerstattung u. ä. erhalten Sie bei Ihrer Krankenkasse.)

Rückfälle sind nicht selten

MAIKE (20): Manchmal kommt es mir auch
heute noch hoch
Wer einmal unter einer Essstörung gelitten hat, wird auch später in bestimmten Situationen leicht rückfällig. Das ist nicht die Ausnahme, sondern eher die Regel. Rückfälle gehören zu Essstörungen und sind normal. »Ich glaube, man ist nie richtig geheilt«, sagt Maike. Sie ist 158 Zentimeter groß und ihr »Wohlfühlgewicht« liegt zwischen 50 und 52 Kilo. Die attraktive junge Frau hat längst keine Waage mehr im Haus. Sie spürt, wann sie ihr »gesundes« Gewicht hat. »Ich darf nicht unter 46 Kilo kommen – dann fühle ich mich müde, meine Asthmaanfälle häufen sich und ich kann mich nicht mehr konzentrieren«, erklärt sie selbstkritisch.

Mit 14 Jahren erkrankte das hübsche Mädchen an Bulimie. Ein Jahr später wog sie noch 33 Kilo. Sie war auf dem besten Weg in die Magersucht. »Die Schwester meines damaligen Freundes erwischte mich auf der Toilette und redete mir ins Gewissen.« Bis zu diesem Zeitpunkt konnte Maike ihre Erkrankung vor den Eltern verheimlichen. Mit 15 fing sie eine Therapie an und wurde ein Jahr lang ambulant in einer psychosomatischen Klinik in Norddeutschland mit Erfolg behandelt. »Als ich 17 war, hatte ich mein Essverhalten wieder ganz gut im Griff.«
    Wenn die Studentin heute unter Stress steht, hat sie Rückfälle. Sie stopft sich wie früher mit Lebensmitteln voll und

erbricht sich anschließend. Der große Hunger kommt alle drei bis vier Monate. »Dann fresse ich alles, was ich in meinem Kühlschrank finde ...« Um den Anfällen vorzubeugen, hat sie nie übermäßig viele Lebensmittel im Haus. »Und nachts zur Tankstellen rennen, um die Regale zu plündern – nein, das kommt nicht in Frage!«

Mit großer Disziplin (»Ich weiß ja, wie gefährlich die Krankheit ist.«) fängt sie sich nach Rückfällen immer wieder. Ohne fremde Hilfe. Sie schaltet, wie sie sagt, ihren Kopf ein und isst wieder vernünftig. Manchmal schafft sie es auch, sich nach den seltenen Fressanfällen nicht zu übergeben. »Wenn ich nicht kotze, obwohl mir schlecht ist, fühle ich mich jedes Mal wie ein Sieger.« Generell geht Maike mit ihrer überwundenen Essstörung sehr offen um. Sie redet mit Freundinnen, ihren Eltern und Kommilitonen darüber. Sie meint, Heimlichtuerei sei der Feind aller Essgestörten. »Offenheit ist mir wichtig: Für mich, aber auch um andere aufzuklären.«

Maike redet sehr liebevoll über ihre Eltern. Sie ist in einem großen Haus mit Garten und vielen Tieren aufgewachsen. Der sechs Jahre ältere Bruder hat auf sie aufgepasst, mit ihr gespielt und sie behütet. Die Eltern lasen dem Nesthäkchen jeden Wunsch von den Augen ab. »Ich hatte eine tolle Kindheit!« Die junge Frau schwärmt noch heute von der Geborgenheit in der Familie. Nur eins machte ihrer Mutter damals stets Sorgen: Maike hatte keinen Appetit. »Ich war immer viel kleiner, viel dünner und zerbrechlicher als andere Kinder.« Sie erinnert sich: »Ich mochte nie gern Essen. Saß oft lange vor meinem Wärmetellerchen, weil ich obendrein sehr langsam aß.«

Als Maike eingeschult wurde, hatte sie Kleidergröße 104. Mit zehn Jahren wog sie gerade 29 Kilo. Die Mutter war in großer Sorge und konsultierte den Kinderarzt. Der sagte damals: »Lassen Sie Maike drei Tage hungern – dann isst sie von allein wieder.« Das tat Maike nicht! Sie erzählt: »Essen war für mich anstrengend und Zeitverschwendung. Ich hab lieber draußen gespielt.« Außerdem fand sie es auch schön, so klein und zart zu sein.

Mit der Pubertät änderte sich Maikes Verhältnis zu ihrem Körper dramatisch. »Mein Körper entfernte sich immer weiter von mir. Ich fühlte mich in ihm nicht mehr wohl.« Obwohl Maike sehr zierlich war, bekam sie einen großen Busen. »Mein Spitzname war Basketball«, erinnert sie sich noch heute angewidert.

In der Schule gingen Kopien mit Diäten herum. »Ich wollte mir meine Brüste weghungern und macht eine Apfel-Reisdiät.« Sie hungerte energisch, bis sie im Physikunterricht vom Stuhl fiel. »Ich hangelte mich von einer Diät zur nächsten. Mit 14 Jahren wog ich 48 Kilo und fühlte mich viel zu fett.«

Dann kam der erste Fressanfall. Maike war schlecht, die Mutter sagte: »Spuk das aus – dann geht's dir besser.« Und so war es auch. Damals dachte Maike: »Was für ein cooler Trick!« Natürlich hatte sie das Wort Bulimie nie zuvor gehört. »Ich hab nach jedem Fressanfall gekotzt und war davon überzeugt, dass ich mir diesen Trick selbst ausgedacht hatte.«

Da in ihrer Familie alle unter Magenproblemen leiden, ging jeder davon aus, dass auch Maike einen »nervösen Magen« hatte. Deshalb fiel ihre Erkrankung nicht auf. Während des Abiturs verschlimmerte sich ihr »nervöser« Magen drastisch. Maike litt unter Magenschleimhautentzündungen und war oft beim Arzt. »Der verschrieb mir Pülverchen, um die Magensäure zu regulieren. Von Bulimie hat niemand etwas gemerkt.« Auch als Maike bereits unter Verätzungen der Speiseröhre litt, kam niemand auf die Idee, dass sie an einer Essstörung erkrankt war.

Ihr psychischer Zustand verschlimmerte sich zusehends. »Ich konnte einfach meine Kindheit nicht loslassen«, sagt sie heute. Auf der Abiturfeier saß sie mit ihrem Direktor zusammen und sagte scherzhaft zu ihm: »Ich hab doch einen guten Job gemacht: Warum werde ich jetzt entlassen?« Das junge Mädchen wollte nicht von der Schule, nicht vom Elternhaus Abschied nehmen. »Es war so schön, ich fühlte mich so geborgen – was soll jetzt werden?« Die Welt »draußen« machte ihr Angst. Maike hatte Angst vor dem Leben. Sie schrieb Gedichte: »Mein Herz hält es nicht mehr aus – bei mir! Sterben, innerlich sterben – und äußerlich doch noch weiterleben ...« Sie wollte nicht erwachsen werden.

Später dann, so sagt sie, wollten alle Männer nur »mit mir ins Bett«. Sie war nicht mehr das niedliche, kleine Mädchen, sondern die »geile, kleine Frau«. Männer und ihre Avancen machten ihr Probleme. »Sie sahen mich nicht als Mensch, nur als Bettgenossin. Keiner hat gesagt: Du hast tolle Gedanken. Alle sagten nur: Du hast einen tollen Busen – und wollten mich bumsen.«

Diese Probleme machten sie hungrig. Oft stand sie zitternd vor dem Kühlschrank: Sie wollte fressen, um sich zu befriedigen. Und sie hat anschließend gekotzt, weil sie ihre weiblichen Rundungen bekämpfen wollte und ihr einfach alles zuwider war.

Erst in der Therapie hat sie »den Wahnsinn, der in mir ablief« erkannt. Gleichzeitig war sie von Schuldgefühlen ihren Eltern gegenüber gepeinigt: »Ich hab so eine wunderschöne Kindheit gehabt – warum war ich nur so verdammt verdreht?«

Es gab einiges im Kopf zu ordnen. »Meine Eltern haben mir dabei geholfen.« Mit Mühe hat sie sich ein normales Essverhalten antrainiert. Auch heute isst Maike eher aus Pflichtbewusstsein denn aus Genuss. »Aber ich esse, was mir schmeckt. Egal wie viele Kalorien es hat.« Wenn abends der kleine Hunger kommt, verputzt sie schon mal eine Tüte Erdnussflips oder

Chips. Sie weiß, dass sie sich nicht unbedingt gesund ernährt. Sie mag weder Gemüse noch Salat, aber sie hält sich an die Regel, wenigstens zweimal pro Woche einen »grünen Tag« einzulegen. Sie geht mit Freunden in Restaurants und bestellt beim Italiener Nudeln, ohne sich hinterher zu übergeben.

»Ich will normal essen«, sagt sie entschieden. »Der ganze Tanz ums Gewicht ist mir heute zuwider.« Doch ein normales Maß zu finden, ist für Maike immer noch schwierig. Oft vergisst sie einfach zu essen. Der Hunger kommt dann plötzlich und überfallartig. Dann kann Maike nicht warten, bis das Essen fertig ist. »Wenn ich von der Uni hungrig nach Hause komme, muss alles ganz schnell gehen.« Es ist schon vorgekommen, dass Maike kleine Stückchen tiefgefrorenen Spinat gelutscht hat, weil er im Topf nicht schnell genug aufgetaut war. Auch die Einladung der Eltern zum Grillen ist ihr noch gut in Erinnerung. »Das Fleisch brutzelte schon auf dem Grill und es hätte nur noch kurze Zeit gedauert, bis es fertig ist. Aber ich musste eine Tafel Schokolade verdrücken, weil ich die paar Minuten nicht mehr warten konnte.« Maike hasst die »brennende Gier«, die sie dann tief in ihrem Innern spürt.

Anschließend ist es für die junge Frau eine große Überwindung, nicht zu erbrechen. »Ich muss gegen den Brechreiz richtig ankämpfen. Ich kann mich so leicht übergeben: Ein bisschen würgen – und schon kommt es mir hoch.«

Mit Bildern rettet sich Maike über drohende Anfälle und die Gier hinweg. »Bei mir im Kühlschrank sitzt ein hässlicher Kobold. Der sagt immer: Friss alles auf, Maike!« Doch der Kobold hat immer weniger Macht über sie. »Heute ist er bis auf Ausnahmesituationen ganz klein und schwach. Ich hab ihn in meinem Kopf besiegt ...!«

Kleine Lebensmittelkunde

Gut aufgetischt:
lecker, locker, lebenswichtig

Es liegt nicht nur am Schönheitsideal, das die Modells den Mädchen und Jungen vorgeben. Neben dem Diktat der Mode, dem Druck durch die Clique, neben Schul- und Freizeitstress und all dem psychischen Leid, das in Familien vorkommen kann (sexueller Missbrauch, Scheidung, Trennung oder Tod), ist es auch der ganz normale Alltagswahnsinn bei Tisch, der das Essverhalten unserer Kinder kaputt macht.

Morgens um sieben ist die Welt nämlich längst nicht mehr in Ordnung: In welcher Familie wird denn heute noch in Ruhe gefrühstückt? Eltern leben den Kindern die Ernährungsfehler vor: Zeit bleibt allenfalls für den Kaffee im Stehen und den hastigen Biss ins Brötchen. Dann rennen alle auseinander. Viele Kinder gehen heute nüchtern und ohne Pausenbrot zur Schule. Untersuchungen zufolge verlässt bereits jeder vierte Schüler ohne Frühstück das Haus (Forschungsinstitut für Kinderernährung, Dortmund). Stattdessen haben sie zehn Mark für einen schnellen Snack in der Tasche. Mittags wird der Kühlschrank geplündert und die Mikrowelle angeworfen, weil keiner gekocht hat oder alle zu unterschiedlichen Zeiten essen. Die Küche wird zum Selbstbedienungsladen. Abends, wenn die Familie dann endlich zum Essen zusammenkommt, läuft der Fernseher.

Gewiss, auch hier lässt sich nicht alles verallgemeinern. Es gibt Eltern, die kochen und Schulkinder mit Pausenbroten. Trotzdem: Auch in diesen Familien liegt der Auslöser für Essstörungen oft schon in den Tischsitten. Bei all der Hektik im Alltag sind wichtige Ess-Rituale irgendwann einfach unter den Tisch gefallen.

»Tod des Sonntagsbratens« titelte eine große deutsche Zeitung und beklagte, dass sogar am Wochenende die Küche kalt bliebe und nicht mehr »richtig« gekocht würde, dass alles aus der Tiefkühltruhe und Mikrowelle käme oder einfach eine Pizza bestellt würde. Ist Gemüse schnippeln zu zeitaufwändig geworden? Oder macht gemeinsames Kochen keinen Spaß mehr?

Der »Tod des Sonntagsbratens« ist ein allgemein gültiges Symbol für sterbende Tischsitten. Und die sind nicht ganz unwichtig, denn gemeinsames Essen ernährt nicht nur den Körper, sondern auch die Kinderseele.

Wer mag sich da noch über wissenschaftliche Studien wundern, die belegen: Unsere Kinder essen zu fett, zu süß und zu salzig. Sie kriegen zu wenig Ballaststoffe und sie trinken nicht genug. Dabei sind Eltern heute über Nahrungsmittel besser informiert denn je. Wir alle kalkulieren mit Kalorientabellen, reden über Faserstoffe (die übrigens auch Ballaststoffe heißen und in den Zellwänden der Pflanzen gebildet werden) – aber wir leben und ernähren uns nicht nach dem, was wir wissen.

Geregelte Mahlzeiten sind die Ausnahme geworden. Wir sind auf dem besten Weg zur Fast Food-Gesellschaft à la USA. Das bringt all die Probleme mit sich, die auch die Eltern jenseits des Atlantik mit sich selbst (über 60 Prozent aller erwachsenen Amerikaner sind übergewichtig) und ihren essgestörten Kindern haben. Jedes zweite Kind in den Staaten leidet unter irgendeiner Essstörung.

Wie kommt es in einer Wohlstandsgesellschaft wie der unseren, in der es Lebensmittel im Überfluss gibt, zu Mangelernährung bei Kindern und Jugendlichen? Auch einkommensschwache Bürger können sich jeden Tag preiswert und gut ernähren. Der Tisch ist das ganze Jahr über mehr als reichlich gedeckt. Wir bekommen Erdbeeren im Winter, exotische Früchte aus Asien und Afrika, Gemüse im Überfluss und Scampis für kleines Geld. Wir essen das Fleisch von Lämmern, die auf den Wiesen Neuseelands gegrast haben, bevor sie geschlachtet und vom anderen Ende der Welt in tiefgefrorenen Portionen in unsere Supermarktkühltruhen transportiert wurden.

Selbst der Sonnenkönig würde vor Neid erblassen: Als Ludwig der 14. (1638 – 1715) in Versailles der Völlerei frönte, war seine Tafel weniger reich gedeckt als die unsere! Es klingt absurd: Trotz all der Pracht auf unseren Tellern sind heute Kinder im Schlaraffenland Deutschland – auch wenn sie dick sind – »unter«-ernährt. Dafür gibt es viele Gründe.

Wir zählen zwar Kalorien, aber haben keine richtige Esskultur mehr! Diese hilft Kindern, auch gesund aufzuwachsen und ein ungestörtes Ernährungsverhalten zu entwickeln. Essen sollte Spaß machen und frei von schlechtem Gewissen und Schuldgefühlen sein.

Die Frage nach der richtigen Ernährung für Kinder und Jugendliche ist schnell beantwortet. Die Lösung heißt: Optimierte Mischkost. Der Begriff steht für eine ausgewogene, gesunde Ernährung. Die optimierte Mischkost wird von Wissenschaftlern propagiert (unter anderem vom Forschungsinstitut für Kinderernährung in Dortmund) und basiert auf Grundnahrungsmitteln wie Kartoffeln, Gemüse, Brot, Obst, Milch, Käse, Eiern, Fleisch, Fisch und Fett. Diese Grundnahrungsmittel liefern alle wichtigen Nährstoffe. Das Dortmunder Forschungsinstitut hat folgende Faustregel entwickelt: REICHLICH Brot, Getreide, Kartoffeln, Nudeln, Reis, Obst und Gemüse, AUSREICHEND Milch und Milchprodukte, Fleisch, Wurst, Eier und Fisch. SPARSAM Fett wie Öl, Butter und Margarine.

Bei den folgenden Lebensmitteln wurde – von Ausnahmen abgesehen – auf Kalorienangaben verzichtet. Das ewige Rechnen und Kalorien zählen, die Angst vor der Waage und damit vor dem Essen machen nur unsicher. Zwänge haben mit einer gesunden Ernährung nichts zu tun.

Beim Kochen und Essen muss man obendrein ein »Versteckspiel« beherrschen. Es gibt positive und negative Verstecke. Das Spiel geht wie folgt: Unbeliebte, aber wichtige Lebensmittel wie Fisch, Milch und Gemüse lassen sich beim Zubereiten mühelos in Speisen »verstecken«, wenn Kinder sie partout nicht mögen. Dagegen müssen »versteckte« Fette (zum Beispiel in Wurst) und Zucker (zum Beispiel in Getränken) enttarnt werden.

Wie viel jedes Kind pro Tag essen sollte, hängt von mehreren Faktoren wie Alter, Größe, Bewegung und Witterung ab und variiert von Fall zu Fall. Für Schulkinder zwischen zehn und 14 Jahren rechnen Ernährungsexperten mit einem Kalorienbedarf von 1.500 bis 2.500 pro Tag. Sie sollten in mehrere kleine Mahlzeiten aufgeteilt werden. Zum Beispiel in ein erstes Frühstück mit einem körnigen Müsli, ein zweites Frühstück mit Joghurt oder einem Vollkornbrot mit Banane, ein Mittagessen mit deftigen Nudeln und viel Gemüse, nachmittags etwas Obst und abends ein Sonnenblumenkernbrot mit Tomate und Schinken.

Was reichlich auf den Tisch kommen sollte

Getreide, Kartoffeln & Co.

In Deutschland gibt es über 200 Brotsorten. Kinder und Jugendliche sind zwar kritische Esser, doch bei dieser Auswahl lässt sich für jeden Geschmack etwas finden. Ganz gleich ob Sechskorn-, Kürbiskern-, Sonnenblumenkern- oder echtes Vollkornbrot: Brot ist gesund und gehört als wichtiges Lebensmittel täglich auf den Tisch. Man kann Brote abwechslungsreich belegen, überall hin transportieren (Schule, Picknick etc.) und in witzigen Brotboxen gut verpacken. Vollkornbrot enthält mehr wertvolle Vitamine und Ballaststoffe als Weißbrot. Aber manche Kinder mögen nicht auf Körnern kauen. Beim Bäcker gibt es auch Vollkornbrote aus feingemahlenem Mehl. Weißbrot muss dennoch nicht ganz vom Speisezettel gestrichen werden. Wenn es von Kindern bevorzugt wird, sollten Nudeln und Reis als Vollwertprodukte auf den Plan.

Kinder lieben Nudeln: Spaghetti sind stets Spitzenreiter auf der Lebensmittelhitliste bei Kindern. Zwischen Nudeln lässt sich alles, was weniger beliebt ist (wie Fleisch oder ein bestimmtes Gemüse), gut »verstecken«. Körnige Flocken und Müslis sind gesund, aber man sollte bei Fertigprodukten auf den Zuckergehalt achten.

Kinder essen auch gern Kartoffeln. Wenn sie nicht gerade zu Pommes verarbeitet sind (eine Portion von 150 Gramm enthält circa 18 Gramm Fett und 400 Kalorien), sind Kartoffeln sehr gesund und lecker. Es kommt eben auch hier auf die Zubereitung an. Wenn Kinder keine Pellkartoffeln mögen, lieben sie die Knolle vielleicht als Auflauf oder in leicht gesalzenem Wasser gekocht und mit Petersilie gewürzt. Man kann Kartoffeln in Folie grillen, in Salat würfeln oder zu Brei stampfen. Es gibt viele Möglichkeiten der Zubereitung. Pommes sollten trotzdem nicht verboten werden. Allgemein gilt: Pommes aus der Tiefkühltruhe, die im Backofen ohne zusätzliches Fett aufgebacken werden, enthalten weniger Fett als die vom Imbiss.

Bei der beliebten Pizza kommt es nicht nur auf den Boden (aus Brot- oder Plätzchenteig), sondern vor allem auf den Belag an: Während eine 300-Gramm-Pizza Margherita locker auf 800 Kalorien kommt, hat eine Gemüsepizza knapp die Hälfte an Kalorien und ist obendrein gesünder.

Nach der Faustformel sollten Kartoffeln, Getreide und Getreideprodukte wie Nudeln reichlich aufgetischt werden.

Gemüse: Von A wie Aubergine bis Z wie Zucchini

Die Auswahl an Gemüse ist zu allen Jahreszeiten riesig: Es gibt kein Kind, das kein Gemüse mag! Vielleicht mag es keinen Wirsing? Oder verabscheut Spinat? Das macht nichts, denn es gibt rote, gelbe und grüne Paprika, Brokkoli-Röschen, Rosenkohl, Blumenkohl, Kohlrabi, Möhren, Gurken, rote Bete, Porree, Weißkohl, Rotkohl, grüne und weiße Bohnen, Radieschen, Spargel, Mais, Tomaten, Sellerie, Schwarzwurzeln, Erbsen und einiges mehr. Außerdem lässt sich Gemüse auf die unterschiedlichste Art und Weise schmackhaft zubereiten. Viele Kinder mögen kein gedünstetes, weiches Gemüse. Auch gut! Man kann Gemüse schließlich pürieren und als Suppe servieren, in der Pfanne braten, im Backofen überbacken, es zu Salat verarbeiten oder einfach in mundgerechte Stückchen schneiden und roh zum Naschen mit einem frischen Kräuterjoghurt-Dip auf den Tisch stellen. Die meisten Kinder mögen knackige Rohkost gern. Beim Essen von Gemüse gibt es keine Obergrenze (es sei denn, es schwimmt in Fett), denn Gemüse ist gesund. Es hat wenig Kalorien und ist dafür reich an Vitaminen, Mineral- und

Ballaststoffen. Übrigens: Wenn Kinder keinen Spinat essen, droht keine Gefahr für die Gesundheit, im Gegenteil: Durch seinen hohen Nitratgehalt kann frischer Spinat für Kinder alles andere als empfehlenswert sein. Für alle Gemüse gilt: Je mehr es gedüngt und gegen Schädlinge gespritzt werden musste, umso höher ist sein Nitrat- und Schadstoffgehalt. Deshalb ist auch Kopfsalat im Winter nicht so gesund wie gemeinhin angenommen. Er kommt in den kalten Monaten aus dem Treibhaus und unter Glas gezogener Salat und Gemüse müssen stärker gedüngt werden. Wer saisonbedingt einkauft, schließt das Problem in der Regel aus. Natürlich ist auch tiefgefrorenes Gemüse gesund. Durch moderne Gefrierverfahren bleibt es so gehaltvoll wie frisch geerntet. Dosengemüse dagegen ist »ärmer« an allem, was bei frischem Gemüse so gesund ist.

Süße Früchtchen

Kinder sollten, was ihren Obstkonsum angeht, richtige Fruchtzwerge sein. Obst ist als wichtiger Vitaminlieferant ideal für zwischendurch und darf täglich genascht werden. Auch bei Obst gilt: Abwechslung ist angesagt. Und wie bei Gemüse gibt es zu allen Jahreszeiten eine ungeheure Vielfalt (auch aus deutschen Landen). Kleine Auswahl gefällig: Aprikosen, Äpfel, Birnen, Erdbeeren, Kirschen, Pflaumen, Blaubeeren, Weintrauben, Orangen und exotische Früchte wie Ananas, Kiwi & Co. Werden frische Früchte partout abgelehnt, kann man sie wieder »verstecken«: Bananen schmecken als süßer Belag (statt Konfitüre) zwischen zwei Scheiben Brot und fein geriebene Äpfel verfeinern das Müsli. Obst schmeckt in vielen Variationen: In Quark und Joghurt, als bunter Obstsalat mit Nüssen oder als Früchte-Spieß. Wie beim Gemüse ist auch Dosenobst mit frischen Früchten nicht zu vergleichen. Es enthält weniger Vitamine, mehr

Kalorien und ist oft zusätzlich gezuckert. Auch Obstsäfte sind weniger empfehlenswert.

Wovon Kinder ausreichend brauchen

Milch, Eier und Käse

Gerade im Wachstum ist Milch als Kalzium-Lieferant wichtig. Kinder mögen zwar lieber Vollmilch, aber auch pasteurisierte und H-Milch ist empfehlenswert. Kinder brauchen Kalzium für den Aufbau der Knochen und Zähne. Täglich ein Glas Milch reicht, denn Kalzium steckt auch in anderen Lebensmitteln (zum Beispiel in Brokkoli, Grünkohl, Nüssen und kalziumreichem Mineralwasser).

Es gibt allerdings auch Kinder, die keinen Milchgeschmack mögen. Kein Problem: Meist mögen sie dann Quark, Joghurt, Dickmilch und Käse.

125 Gramm Käse enthalten so viel Kalzium wie ein Liter Milch. Nur bei Hütten- und Doppelrahmfrischkäse geht die Rechnung nicht auf. In diesen Sorten steckt etwa die Hälfte weniger Kalzium als in Milch. Man kann Milch natürlich auch mit Kakao, Vanille oder Sirup schmackhaft machen, doch dann geht der Kaloriengehalt rauf und der Appetit auf andere, gesunde Lebensmittel runter. Außerdem wird Kalzium vom Körper schlechter verarbeitet, wenn gleichzeitig Speisen gegessen werden, die Oxalsäure enthalten. Das trifft bei Kakao, Rhabarber und Spinat zu. Auch Milch lässt sich in anderen Lebensmitteln »verstecken«, beispielsweise in Kartoffelbrei, Pfannkuchen und Desserts.

Kinder sollten wenig Eier essen (etwa zwei pro Woche), es sei denn, sie mögen weder Fleisch noch Fisch (aber auch dann reichen drei bis vier Eier pro Woche völlig aus). Bei Käse kommt es auf den Fettgehalt an. Fettärmere Sorten (45 Prozent in Trockenmasse) sind vorzuziehen.

Fleisch, Geflügel und Wurst

Fleisch enthält neben Eiweiß auch Eisen, Zink, Vitamin B_{12} und Selen. Eisen ist für die Bildung roter Blutkörperchen und für den Sauerstofftransport im Körper wichtig, Vitamin B_{12} hilft beim Aufbau von Blutzellen, Zink fördert das Wachstum in der Pubertät und das Spurenelement Selen soll später das Krebs- und Infarktrisiko senken. Selen gehört zu den so genannten Antioxidantien, welche die Zellen vor freien Radikalen schützen, und ist nicht nur in Fleisch, sondern auch in Fischen, Nüssen, Eiern und Innereien.

Kinder sollten, wenn auch nicht jeden Tag, wenigstens kleine Portionen Fleisch essen. Mögen Kinder absolut kein Fleisch oder sind die Eltern Vegetarier, kann man mit Eiern, Milch und Milchsäureprodukten wie Joghurt oder Sauerkraut (enthält Vitamin B_{12}) einen Ausgleich schaffen.

Bei Wurst ist der Fettgehalt ausschlaggebend und der ist wiederum abhängig von der Sorte. Cornedbeef, roher und gekochter Schinken, aber auch Wurstaufschnitt in Aspik enthalten weniger Fett (unter zehn Prozent), Geflügel- und Jagdwurst, Bierschinken, Schweinebraten und Kasseler-Aufschnitt können bis zu 20 Prozent Fett enthalten. Viel Fett steckt dagegen in Leberwurst, Blutwurst, Brat- und Brühwürstchen (über 30 Prozent). Bei allen Dauerwürsten wie Salami und Zervelatwurst wird es dann mit über 40 Prozent so richtig fett! Doch scheibchenweise genossen, hat auch Wurst ihre positiven Seiten. Wie Fleisch enthält sie blutbildendes Eisen, hochwertiges Eiweiß und viel Vitamin B_{12}.

Fisch

Aversionen gegen Fisch hängen meist schon an einer Gräte. Käpitäns-Dinner ja, aber bitte ohne Gräten! Deshalb angeln Kinder am liebsten Fischstäbchen vom Teller. Natürlich auch, weil sie so schön knusprig sind. Der Nachteil von Fisch im Knuspermantel: Die Panade »frisst« bei der Zubereitung das Bratfett aus der Pfanne. Das Stäbchen saugt sich voll und der leicht verdauliche Fisch schwimmt in einer Fetthülle. Wenn Kinder sonst überhaupt keinen Fisch mögen, kann man hin und wieder ein Auge zudrücken, denn Fisch ist gesund: Speziell Seefisch (Kabeljau, Rotbarsch, Seelachs, Scholle und Heilbutt) enthält wertvolles Eiweiß, fettlösliche Vitamine und vor allem Mineralstoffe wie Fluor, Omega-3-Fettsäuren und Jod.

Folge einer Mangelversorgung mit Jod kann die Vergrößerung der Schilddrüse sein (bereits jeder zweite Bundesbürger ist daran erkrankt). Übrigens: Es gibt auch tiefgekühlte Fischfilets ohne Gräten. Leicht paniert, zum Klößchen oder zur Frikadelle (Fish Mac) geformt und in Pfannengerichten mit Reis verarbeitet, akzeptieren Kinder Fisch. Seefisch sollte schon wegen des Jodgehaltes zweimal pro Woche auf den Tisch.

Womit Sie sparsam umgehen sollten

Fette und Öle

Falsches Fett macht Fett, das richtige Fett ist, in geringen Mengen genossen, sogar notwendig. Es enthält Fettsäuren und viele Vitamine (E, D und A). Man unterscheidet »gesättigte Fettsäuren« in Butter, Speck und Schmalz (Fett von Tieren), »mehrfach ungesättigte Fettsäuren« in Margarine, Sonnenblumen-, Soja-, Maiskeim- und Distelöl (Fett von Pflanzen) und

»einfach ungesättigte Fettsäuren« in Olivenöl. Ungesättigte Fette sind den gesättigten vorzuziehen. Salate sollten mit Oliven-, Soja-, Sonnenblumen- oder Maiskeimöl zubereitet werden. Pflanzenmargarine als dünner Brotaufstrich und Pflanzenfette zum Backen und Braten werden empfohlen. Generell sind die pflanzlichen den tierischen Fetten vorzuziehen. Mit Fett sollte in allen Fällen sparsam umgegangen werden, denn wir sind von »versteckten« Fetten umgeben. Sie verbergen sich in Schokolade (in 100 Gramm Vollmilch stecken 30 Gramm Fett), Chips, Wurst, Käse, in vielen Fertiggerichten, Milchprodukten, Gebäck und Eis.

Gewürze

Kinder mögen zwar keine faden, aber auch keine sehr scharfen Speisen. Ihr Geschmacksempfinden ist wesentlich intensiver als das von Erwachsenen. Deshalb sind ihnen auch oft ganz bestimmte Geschmacksrichtungen ein Graus. Viele Kinder mögen beispielsweise keinen Knoblauch. Auch Gewürze wie Kümmel, Curry oder Anis sind eher unbeliebt. Eltern sollten beim Kochen darauf Rücksicht nehmen. Trotzdem sind auch Gewürze wichtig: Sie regen die Magensaftsekretion an und fördern die Verdauung.

Mit frischen Kräutern lässt sich in der Küche viel machen. Wenn dann die Kräuter noch selbst auf der Fensterbank oder im Garten gezogen, geerntet und dann verarbeitet werden, haben Kinder sogar Spaß beim Würzen.

Mit Salz sollte in jedem Fall sehr sparsam umgegangen werden. Salz steckt ebenfalls »versteckt« in vielen fertigen Lebensmitteln wie Suppen, Fertiggerichten, aber auch in Wurst und Käse. Für die gesunde Entwicklung der Schilddrüse sollte Jodsalz verwendet werden.

Süße Sachen

Unter diese Rubrik gehören eigentlich auch Ketchup und Cola: Die beliebte »rote« Soße kann bis zu 30 Prozent aus Zucker bestehen. In einem Liter des »braunen« Lieblingsgetränks fast aller Kinder verstecken sich rechnerisch ungefähr 37 Zuckerwürfel. Dagegen schneiden 50 Gramm Gummibärchen, 75 Gramm Lakritz und 30 Gramm Milchschokolade mit rund 200 Kalorien richtig mager ab. Kinder sind Naschkatzen: Verbote bewirken oft nur, dass das Taschengeld heimlich an den Kiosk getragen wird. Die Süßwarenbranche lebt nicht schlecht: Sie verkaufte 1997 über 3,14 Millionen Tonnen Bonbons, Knabberzeug und Eiskrem und setzte damit rund 20 Milliarden Mark um – wovon sie wieder viele Millionen in die Werbung steckte, damit die Kinder bei der (Zucker-)Stange bleiben. Pro Jahr kommen mehr als 2.000 Süßwarenneuheiten auf den Markt. Da gibt es dann plötzlich den »Schoko-Tamagochi«, den »Alien-Lutscher« und Legosteine aus Kaugummi. Der Tagesbedarf eines Schulkindes liegt zwischen 1.500 und 2.500 Kalorien. Davon sollten maximal 20 Prozent vernascht werden. Ein kleines Eis (100 Gramm), ein Früchtejoghurt (150 Gramm) und ein Müsliriegel (40 Gramm) enthalten schon zwischen 150 und 250 Kalorien. Wer dann noch Marmelade isst und Kakao oder Limo trinkt, hat die Grenze schnell überschritten.

Zu viel Zucker macht Kinder nervös und kann Konzentrationsstörungen verursachen. Auch Zucker »versteckt« sich gern. Außerdem kommt er unter fremden Namen oft ganz wissenschaftlich und scheinbar auch gesund daher: Steht auf dem Etikett zum Beispiel Maltose, Laktose und Glukosesirup, ist Vorsicht angesagt. Es ist nichts weiter als Zucker. Auch Honig und Traubenzucker (Dextrose) sind keinen Deut besser. Ob Honig wirklich so gesund ist, wie seit Generationen behauptet wird, ist wissenschaftlich nicht belegt. Honig enthält in erster Linie

Zucker (80 Prozent), Wasser (17 Prozent) und dann allenfalls Spuren von organischen Säuren, Enzymen, Vitaminen und Mineralstoffen. Eins ist jedenfalls wissenschaftlich belegt: Für die Zähne ist Honig genauso schädlich wie Zucker.

Wird Zucker durch Süßstoff ersetzt, spart man zwar Kalorien, aber der Hunger auf Süßes wird nur angeheizt. Der Körper »rechnet« nämlich beim Verzehr von Süßstoff mit Zucker, wird »enttäuscht« und reagiert mit noch mehr Appetit auf Süßes. Ein Teufelskreis: Untersuchungen über den Süßstoffkonsum in den USA kommen zu einem verblüffenden Ergebnis: Mit steigendem Verbrauch von Süßstoff ist auch die Anzahl übergewichtiger Amerikaner in die Höhe geschnellt. Das Leid mit den Light-Produkten sorgte für Schlagzeilen.

Man sollte Kindern jedoch keinesfalls Süßes ganz verbieten. Auch wenn sie abnehmen müssen, sollten sie ihre Nascheinheiten bekommen. Außerdem kann man Kindern das Leben auch mit Trockenfrüchten, Bananen, Quarkspeisen und Vollkornkeksen versüßen.

Getränke: Prost bei jeder Mahlzeit!

Kinder müssen viel trinken. Und zwar bis zu zwei Liter am Tag. Die Menge ist vom Alter, Wetter und der Art der Bewegung abhängig. Kinder, die an einem heißen Sommernachmittag draußen toben und Sport treiben, brauchen mehr Flüssigkeit als Stubenhocker. Auch kranke Kinder (zum Beispiel bei Fieber oder Durchfall) müssen viel trinken.

Die Durstlöscher sollten wenig oder gar keine Kalorien enthalten. Leitungs- und Mineralwasser mit wenig Kohlensäure sind am besten. Ist dem Kind der Geschmack zu fad, kann man das Wasser zum Beispiel mit Apfelsaft »spritzen« oder mit

Fruchtsäften zur Schorle aufpeppen. Auch ungezuckerte Früchte- und Kräutertees sind ideal. Cola, Limo oder dicke Fruchtsäfte sind Kalorienbomben und vor den Mahlzeiten Sattmacher. Außerdem machen sie Durst, statt ihn zu löschen. Sie sind zu süß. Milch ist zwar gesund (sie liefert Kalzium), aber sie ist auch gehaltvoll und sollte eher als Zwischenmahlzeit dienen. Die alte Regel, dass man beim Essen nichts trinken soll, ist längst überholt. Kinder sollten auch während der Mahlzeiten trinken.

Fast Food: Einmal Pommes rot-weiß schadet nicht

Last but not least: Das leidige Thema Big Mac, Pommes & Co! Die Versuchung lauert an jeder Ecke. Längst ist McDonald mit etwa 700 Filialen der größte Gastronomiebetrieb in Deutschland. Kein Kind kommt jedoch mit einer Vorliebe für Hot Dogs oder Pommes auf die Welt (das sagt jedenfalls Deutschlands berühmtester Ernährungswissenschaftler Volker Pudel, Universität Göttingen). Kinder übernehmen auch hier die Vorlieben ihrer Eltern.

Und auch bei Fast Food gilt: Einmal Pommes rot-weiß schadet nicht! Kleine Sünden sind erlaubt, wenn ansonsten gesund gegessen wird. Die Kalorienbomben fallen natürlich ins Gewicht. Eine Bratwurst mit Brötchen vom Pappteller hat locker 700 Kalorien (und nur 25 Gramm Kohlenhydrate), kommt ein Schälchen Pommes hinzu – auch ohne Majo hat eine Portion schon 400 Kalorien – dann ist die Hälfte des Tagesbedarfes als Zwischenmahlzeit mal eben schnell verputzt. Ein einfacher Hamburger (nicht etwa der Doppeldecker mit Käse) ist mit 300 Kalorien dagegen noch vergleichsweise mager. Bleibt das schnelle Essen die Ausnahme, kann es jedoch keinen Schaden anrichten.

Auch ein Hamburger liefert Eiweiß und Eisen (wichtiges Spurenelement). Das matschige Salatblatt ist allerdings als Vitaminlieferant indiskutabel. Wer über den Tag verteilt zusätzlich Gemüse, Salat, Vollkornprodukte und Kartoffeln isst, kann den Hamburger als Eiweißquelle betrachten. Der Klassiker hat nur knapp neun Gramm Fett. Die Rede ist hier allerdings vom »mageren« Bruder der fettlastigen Big Mäcs und Royals. Junkfoodliebhaber (Junk = Müll) sollten sich stets vor Augen halten, dass ihr Lieblings-Imbiss vor allem viel Salz enthält und arm an Pflanzenfasern (Ballaststoffen) ist. Gerade Kinder gewöhnen sich bei übermäßigem Verzehr sehr schnell an den salzigen Geschmack von Fast Food (das gilt auch für die süßen Fast Food-Sünden) und können danach mit anderen Lebensmitteln geschmacklich nur schwer etwas anfangen.

Der Reiz des Fast Foods liegt wohl auch in der sofortigen Verfügbarkeit. Kein langes Kochen, Tisch decken und anschließendes Abspülen. Man kann mal eben im Gehen essen. Die Versuchung lauert überall: Die Welt ist voller Döner-Buden, Croissant-Ständen und Grillwagen. Eine Gefahr kommt hinzu: Wenn Kinder und Jugendliche zu oft unterwegs mal eben schnell etwas reinhauen, verlieren die Eltern leicht den Überblick. Sie wissen nicht, was ihre Sprösslinge tagsüber schon alles so verspeist haben. Wenn sie jedoch Fast Food verteufeln, erreichen sie oft nur das Gegenteil: Gerade dann gehen die kleinen Schleckermäuler besonders gern und heimlich zum Imbiss.

Nicht nur fette, sondern auch süße Versuchungen lauern in den perfekt durchorganisierten Fast Food-Tempeln. Die Rede ist von »Shakes«, auch wenn gesunde Milch im Glas ist. Im weißen Kalzium-Lieferant schwimmt nämlich jede Menge Zucker: Ein Vanille-Milchshake enthält beispielsweise 30 Gramm Zucker, zehn Gramm Eiweiß, 7,5 Gramm Fett und bringt es auf 300 Kalorien.

Eins gilt auf jeden Fall für Fast Food: Der Genuss ist verdammt schnell vorüber! Wie heißt es so schön: Fünf Minuten im Mund, fünf Jahre auf der Hüfte. Wie bei allem kommt es auf die Dosis an, zu viel ist Gift. Die richtige Menge dagegen kann ein probates Mittel gegen Heißhunger und Fressanfälle sein.

Aromastoffe: Geschmack aus dem Labor

Ob in Speiseeis, Joghurt oder Marmelade – Erdbeergeschmack ist bei Kindern besonders beliebt. Die süße Frucht ist jedoch so empfindlich, dass sie industriell nur schwer frisch verarbeitet werden kann. Sie verliert schnell an Geschmack, das Aroma verfliegt – ein Mangel, den heute Aromastoffe aus dem Chemielabor perfekt ausgleichen. Ganz gleich ob fruchtig-süß, würzig-herb, nussig oder zitronen-sauer: heute gibt es kaum noch fertige Lebensmittel, die ihren Geschmack nicht aus dem Labor beziehen. Für die Hersteller haben Aromastoffe nur Vorteile: Sie lassen sich leichter dosieren und verarbeiten, sind länger haltbar, erheblich billiger als frische Früchte und vor allem viel intensiver. Sie hauchen Gummibärchen ihre fruchtige Seele ein, verwandeln profane Kartoffelchips in feurige ungarische Paprika-Knabbereien und machen Riegel lecker nussig. Kinder sind längst auf den Aroma-Geschmack eingestellt. »Sie können frische Erdbeeren im Joghurt nicht mehr richtig genießen – ihnen fehlt der typische Erdbeergeschmack«, sagt Ernährungsexpertin Angelika Michel-Dress. Die Gefahr, dass sie sich an industriell gefertigte Nahrungsmittel – vor allem Fertiggerichte – gewöhnen, ist groß. Sie werden abhängig von Aromastoffen. Außerdem machen Aromastoffe größeren Appetit. Lebensmittelchemiker Udo Pollmer fürchtet, dass Kinder irgendwann überhaupt kein frisches Obst mehr mögen werden. Mehrere tausend Geschmacksrichtungen stehen zum Beispiel beim Hersteller Dragoco im Labor. Nur sehr wenige Lebensmittel werden heute garantiert nicht aromatisiert. Dazu gehören Milch, Öl, Bier, Kaffee, Butter, Brot und natürlich frisches Obst, Gemüse und Fleisch. Bei Wurstwaren und fertigen Fleischgerichten kommen Würze und Rauch häufig aus dem Chemielabor. Bei allen Süßigkeiten und Fertiggerichten kann man davon ausgehen, dass sie mit Aromastoffen auf Geschmack getrimmt wurden. Aromastoffe gelten zwar als gesundheitlich unbedenklich, aber sie manipulieren das Essverhalten der Kinder schon in den ersten Lebensjahren. Außerdem arbeitet die Lebensmittelindustrie mit Farbstoffen und Geschmacksverstärkern, um Kinder früh an ihre Produkte zu binden. Für die steigende Zahl von Allergien bei Kindern (heute ist bereits jedes fünfte Kind von mindestens einer Allergie geplagt) sind auch Lebensmittel verantwortlich. Geschmacksverstärker, Konservierungs- und Zusatzstoffe stehen häufig in Verdacht. Wer sein Kind so »natürlich« wie möglich ernährt, begünstigt »normales« Essverhalten und kann zudem eine eventuelle Allergie-Gefahr minimieren.

Bitte Platz nehmen:
Tadellose Tischsitten

Entschlossen schiebt Annika (12) mit der Gabel alles an den Tellerrand, was »grün« ist. Sie mag kein Gemüse! Am liebsten mag sie Ketchup mit Pommes, Ketchup mit Nudeln und Ketchup mit Würstchen. Und sonst gar nichts! Wenn in der Familie gekocht wird, wird an fast allen Tischen in Deutschland auch übers Essen geschimpft. Eine Studie von Langnese-Iglo fand heraus: Die größten Meckerer sind Kinder (97 Prozent). Sie akzeptieren Fisch allenfalls in Stäbchenform, verschmähen gesunde Grünkernbratlinge und ziehen den Big Mac der Biokost vor. Was zu Hause serviert wird, wird kritisiert. Dabei geht es oft gar nicht darum, WAS serviert wird: Es geht um das WIE.

Bei der ewigen Diskussion ums Essen sehen viele Eltern »rot« – und das nicht nur wegen des Ketchups. Der Ton ist gleich von Anfang an gereizt (was Kinder sofort registrieren) und bei der geringsten Bemerkung (»Iiiihhhh, nich' so viel ...«) geht's los: Der Esstisch wird zum Austragungsort des Machtkampfs zwischen Eltern und Kindern. Schnell fallen Sätze wie: »Erst wenn der Teller leer ist, darfst du aufstehen ...« oder »den Nachtisch kannst du streichen ...«.

Druck, Drohungen und Bestrafungen, aber auch lobende Worte für den mit Widerwillen verputzten Eintopf (»Du hast aber fein aufgegessen ...«) sind beim Essen völlig fehl am Platze.

Eltern, die heute ihren Nachwuchs mit Nahrung trösten, erziehen die Dicken von morgen. Schon als Baby werden viele Menschen sofort gefüttert, wenn sie weinen. Dieses Fütter-Verhalten setzt sich später bei den lieben Kleinen fort: »Sei nicht mehr traurig. Hier ist Geld, kauf dir ein Eis ...« Oft beruhigen Eltern ihr eigenes schlechtes Gewissen gegenüber Kindern, indem sie ihnen Süßigkeiten geben. Eltern füttern, weil sie wieder einmal wenig Zeit hatten, einen gemeinsamen Ausflug abblasen mussten oder schlicht, weil sie mit schlechtem Gewissen beide berufstätig sind und die Kleinen täglich bei der Tagesmutter abliefern.

Für Menschen, die als Kinder so vertröstet wurden, heißt das erlernte Muster: Essen hilft in allen Lebenslagen und Süßes ist als Seelentröster besonders wirksam. Leider auch als Dickmacher.

Um den Gaumen zu befriedigen, um überhaupt ein Wohlgefühl im Bauch zu spüren, müssen diese Kinder irgendwann wie Süchtige die Dosis erhöhen und immer mehr essen. Es muss obendrein auch immer süßer (oder würziger) und mit einem hohen Wiedererkennungswert behaftet sein. Hersteller von Naschwaren tragen dem längst Rechnung. Es gibt die Comic-Helden aus Weingummi, Dinos aus Lakritz – essbares Spielzeug in allen Variationen (»Was Süßes – und auch was zum Spielen ...«).

Menschen neigen im Allgemeinen dazu, sich gegenseitig zu füttern, wenn sie dem anderen etwas Gutes tun wollen. Alle Partygäste kennen den Satz: »Iss doch noch – oder schmeckt es dir nicht ...?« Und jeder weiß, wie man sich dann fühlt: Genötigt und schuldig! Speziell die Kopplung zwischen Essen, Freude machen und Enttäuschung (»Mami hat sich so viel Mühe gemacht ...«) ist besonders übel. Der »schlechte« Esser fühlt sich obendrein als »schlechter« Mensch, weil er andere mit seinem unzureichenden Essverhalten enttäuscht. Kinder haben für solche Gefühle sehr feine Antennen. Sie leiden, denn sie wollen nicht, »dass Mama traurig ist«.

Liebe, Zuwendung, Vertrauen und Freundschaft können nicht durch Füttern abgedeckt werden. Daran sollten Eltern stets denken. Essen muss bleiben, was es ist: Essen. Es darf keine Ersatzfunktionen übernehmen. Über Nahrung darf nicht erpresst, gedemütigt und auch nicht gelobt und getröstet werden.

Leider sieht der Alltag an deutschen Tafeln anders aus: Auch moderne und sonst aufgeschlossene Eltern greifen mit der guten Absicht, ihr Kind soll »richtig« essen, bei Tisch auf uralte Floskeln zurück. Sätze, die schon die Großeltern gruselten, als sie noch Kinder waren wie »ein Löffel für Onkel Karl, ein Löffel für Tante Anna«, werden auch heute noch vor schlechten Essern heruntergebetet. Wenn gar nichts mehr geht, müssen die »hungernden Kinder in Afrika, die froh wären, wenn ...« als Argument herhalten.

Kinderpsychologen warnen: Mahlzeiten sind keine Machtmittel. Wird Essen von Eltern als Erziehungsmittel eingesetzt, protestieren Kinder: »Nein, ich esse meine Suppe nicht« – egal wie sie schmeckt. Die Gemüsesuppe darf nicht zur Waffe im Generationenkonflikt werden.

Im schlimmsten Fall können sich Kinder durch strengen Essens-Drill und Terror am Tisch für immer verekeln: Dann wird die Mahlzeit wie eine körperliche Züchtigung empfunden. Die Kleinen können sich nicht wehren: Sie erfahren Essen als körperliche Gewalt gegen sich. Essstörungen werden durch solche Erziehungsmethoden extrem begünstigt.

Schnell wird aus Drill, dem herrschenden Kult um den Körper und dem ständigen Eiertanz um die Waage bei Kindern das Gefühl geweckt: Ich bin nicht dünn/dick und damit nicht »gut« genug. Die erste Schlankheitskur ihres Lebens machen heute schon Sechsjährige! Die Folgen sind verheerend: Die Diät wird zur Einstiegsdroge für eine Ess- oder Magersucht.

Die Angst der Eltern, dass ihre Kinder zu viel, zu wenig oder das Falsche essen, ist in den meisten Fällen unbegründet: Gesunde Kinder hören auf die Signale ihres Körpers. Sie wissen selbst, wann sie satt sind und brauchen keine genormten Portionsgrößen. Außerdem haben Kinder nicht jeden Tag gleich großen Appetit (der neben anderen Faktoren wie dem Wachstum auch von der Bewegung abhängig ist). Durch ständiges Stopfen oder strenge Diätregeln geht ihnen nicht nur die Lust am Essen, sondern auch das Gefühl für Hunger und Sättigung verloren. Sie verlernen, auf die Bedürfnisse ihres Körpers zu hören.

Wird Essen zum Muss, verlieren Kinder schnell jegliches Maß. Damit sind extremen Essstörungen Tür und Tor geöffnet. Jede Art von »Zwangsernährung« schadet dem Kind: Es reagiert entweder mit Verweigerung oder resigniert und schluckt die Niederlagen im täglichen Kampf ums Essen mit jedem Bissen runter. Mehr Demokratie am Tisch wirkt Wunder: Kinder sollen mitbestimmen, was auf ihren Teller kommt.

Rigorose Verbote bestimmter Lebensmittel sind die Basis für Heißhunger-Attacken, auf die meist Schuldgefühle folgen. Antrainierte Verhaltensformen und schlechte Gewohnheiten wird man später nur schwer wieder los. Aus essgestörten Kindern werden essgestörte Jugendliche und Erwachsene.

Deshalb sollte Essen gerade für Kinder mit Genuss verbunden sein. Und vor allem eins: Spaß machen! Im Grunde ihres Herzens lieben Kinder gemeinsame, stressfreie Mahlzeiten. Der Tisch dient nicht nur als Ort der Nahrungsaufnahme, sondern sollte Treffpunkt der Familie sein.

Ohne Lob und Tadel schmeckt das Essen besser. Dabei geht es nicht ohne Tischmanieren. Die wichtigsten Regeln sind allerdings unabhängig von leeren Tellern und ausgekratzten Schüsseln.

Zehn goldene Tischregeln

1. Alle Regeln gelten für alle. Auch für die Eltern!
2. Genussvolles Essen braucht Zeit. Drängeln sie ihr Kind nicht (»Iss schon, wir müssen gleich los ...«).
3. Alle bleiben am Tisch sitzen, bis alle fertig sind. Fertig heißt nicht: Bis alle Teller leer sind, sondern bis alle Menschen am Tisch satt sind.
4. Alles, was auf den Tisch kommt, muss wenigstens einmal probiert werden (es sei denn, ein Kind mag ein Lebensmittel wie zum Beispiel Fisch oder Innereien überhaupt nicht). Was nach dem Probieren immer noch nicht schmeckt, muss auch nicht gegessen werden.
5. Totenstille bei Tisch ist von vorgestern! Bei den gemeinsamen Mahlzeiten darf geredet und gelacht, aber nicht über das Essen gelästert werden. Auch für Ehestreitigkeiten sollte man sich einen besseren Zeitpunkt aussuchen. Sorgen und Nöte verderben den Appetit.
6. Jeder darf die Größe seiner Portion selbst bestimmen! Man kann ja nachnehmen. Außerdem sind Kinder schnell entmutigt, wenn die Portion zu reichlich ist (»Das schaff ich nicht ...«).
7. Trinken während des Essens ist ausdrücklich erlaubt! Kinder brauchen viel ungesüßte Flüssigkeit.
8. Während der Mahlzeiten bleibt der Fernseher aus! Auch Zeitung lesen ist verboten.
9. Es gibt keine verbotenen Lebensmittel! Auch Süßes ist erlaubt. Es kommt nur auf die Menge an.
10. Mit Lebensmitteln wird nicht belohnt (»Nur wenn du die Möhren isst, kriegst du auch Nachtisch ...«) und erst recht nicht bestraft (»Weil du den Teller nicht leer gegessen hast, gibt's auch kein Eis ...«).

Alle Regeln laufen ins Leere, wenn die Eltern sich nicht selbst daran halten. Leider sind auch Erwachsene bei Tisch nicht immer leuchtende Vorbilder: Mama macht wieder Diät und Papa sitzt mit der Chipstüte vor dem Fernseher und guckt Bundesliga. Warum also sollten dann die lieben Kleinen brav ihr Gemüse essen? Kinder machen Erwachsenen vieles nach. Auch beim Essen!

Es ist angerichtet:
Die Möhrchen-Männchen kommen

Spaß am Essen fängt beim Kochen an! Kinder wollen gefragt werden, mitentscheiden und in der Küche helfen. Sie putzen mit Eifer Gemüse und Salat, rühren freiwillig Früchte in den Quark und stecken gern klein geschnittene Käsewürfel auf Holzspieße. Mit Plätzchen-Ausstechern lassen sich langweilige Vollkornbrote in schmackhafte Herzchen- oder Häschen-Häppchen verwandeln. Gegen phantasievolle Pausenbrote hat der Schokoriegel vom Kiosk dann keine Chance mehr.

Viele Kinder mögen kein weich gekochtes Gemüse. Rohkost dagegen kommt bei ihnen gut an. Verwandeln sich in der Küche Radieschen in aufgeblühte Rosen, Gurken in Sterne und Möhren in lustige Männchen, kommt der Appetit schon beim Zubereiten. Mit Gemüse kann man auf dem Teller Gesichter und Figuren legen: Aus Möhren und Gurken lassen sich Körper, Arme und Beine schneiden. Rote, gelbe oder grüne Paprika können zu Mund und Nase werden. Aus Radieschen werden Kulleraugen, aus halbierten Tomatenscheiben ein lachender Mund und aus selbst gezogenen Kräutern grüne Haare und lange Bärte.

Man kann Gemüse auch in Speisen verstecken: Zum Beispiel fein geraspelt in Rührei, Spaghettisoße oder Aufläufen. Wenn Kinder in der Küche helfen dürfen, kommt der Appetit beim Kochen: Selbst gebackener Kuchen und eigenhändig belegte Pizza schmecken einfach besser. Es gibt im Buchhandel zahlreiche Kinderkochbücher, die neben Rezepten auch witzige Serviervorschläge beinhalten.

Kinder lieben eine fröhliche Essatmosphäre: Sie reagieren auf Farben und Formen sehr viel stärker als Erwachsene. Es gibt bunt bedruckte Kinderservietten und Teller mit fröhlichen Motiven. Wenn die Gemüsepfanne dann noch zum »Dino-Futter« und der gewürfelte Obstsalat zum »Fruit-Konfetti« wird, wird Gesundes schnell zum Leibgericht. Mit etwas Phantasie wird dem Essen der Ernst genommen.

Lebensmittelhersteller arbeiten längst mit diesen Tricks. Knallbunte Comic-Figuren, Spielzeug oder Abziehbildchen sind gängiges Erfolgsrezept im Handel. Kinderlebensmittel sind oft verführerisch verpackt und aufgemacht. Doch Snacks und Schnittchen, auch wenn sie angeblich in Milch schwimmen, enthalten nicht immer so viel wie die Werbung suggeriert. Sie enthalten vor allem eins: Jede Menge Zucker!

Kinderleicht: Rezepte von Kindern für Kinder

Kinder entwickeln in der Küche sehr viel Phantasie, wenn man sie kochen lässt. Sie experimentieren gern und freuen sich, wenn es auch den anderen Familienmitgliedern schmeckt. Dabei entdecken sie sehr schnell, was sie selbst gern mögen. Hier verraten Kinder und Jugendliche ihre Lieblingsgerichte.

Krümel-Monster Kirstin

Brot ist gesund und sollte reichlich gegessen werden. Früher kannte Kirstin (14) nur dick belegte Wurst- oder Käsebrote mit Butter. »Die mochte ich zwar gern, aber ich wurde zu fett«, sagt sie selbstkritisch. In einem Kinder-Kochkurs hat das übergewichtige Mädchen gelernt, dass man Brote auch »mager« und trotzdem lecker belegen kann. Außerdem hat sie Spaß dabei.

Seither macht sie morgens ihr Schulbrot meist selbst. Sie hat entdeckt, dass auch Obst und Gemüse, Quark und Frischkäse prima auf Brot schmecken. Auf Wurst und Käse muss Kirstin deshalb nicht verzichten. »Ich nehme jetzt meistens Sorten, die wenig Fett enthalten – wie Cornedbeef, mageren Schinken, Geflügelwurst in Aspik und Braten.«

Statt Butter bestreicht sie ihr Brot jetzt mit Senf, Salatcreme, Tomatenmark oder Ketchup. Zweimal pro Woche isst sie ein Ei zum Frühstück. Sie mag gern körniges Brot. Sich selbst bezeichnet Kirstin als »Krümel-Monster«. Außerdem sei Vollkornbrot gesünder. »Und es macht länger satt.«

So sieht bei Kirstin eine Brot-Woche aus:
Montag: Zum Frühstück gibt es eine Scheibe Sonnenblumenkernbrot, das sie mit einen Teelöffel Salatcreme bestreicht. Dann kommt eine Scheibe Cornedbeef darauf, die sie mit sauren Gurkenscheiben verziert. Ihr Pausenbrot ist süß. Sie streicht es dünn mit Quark ein, in den sie vorher etwas Honig verrührt hat. Dann legt sie eine halbe Banane darauf und streut noch etwas Zimt darüber. Nachmittags macht sie sich Kiwi-Brot. Sie verrührt einen halben Becher körnigen Frischkäse mit einem Esslöffel Müsli, süßt mit etwas Honig und streicht den Frischkäse aufs Brot. Dann schneidet sie eine Kiwi in Scheiben und verteilt das Obst obendrauf. Abends mag sie gern Gemüse-Brot. Sie streicht etwas Tomatenmark oder Ketchup auf eine Scheibe Roggenbrot und belegt es mit Gurken-, Tomaten- und Radieschenscheiben. »Dazu esse ich noch rohe Möhren oder Paprikastreifen.«

Dienstag: Am Morgen isst Kirstin eine Scheibe Sechskornoder Sesambrot, die sie mit einer kleinen Ecke Schmelzkäse (30 Gramm) bestreicht. Darauf kommen dünne Apfelscheiben. Für die Pause macht sie sich ein Brötchen mit etwas Senf und zwei Scheiben Rindfleischsülze. Als Snack gönnt sie sich am Nachmittag zwei Scheiben Knäckebrot mit Frischkäse. »Da lass ich Honig vom Löffel drauftröpfeln und streue zum Abschluss Müsli darüber.« Abends macht sie sich ein Eibrot mit Kresse. »Ich verrühre einen kleinen Löffel Senf mit Ketchup, bestreiche damit das Brot und tue die Kresse da drauf. Dann kommt das Ei. Ich hab es vorher im Eierschneider in Scheiben geschnitten.«

Mittwoch: Aus Frischkäse (zwei Esslöffel), dem Saft einer ausgepressten Orange, etwas Müsli und Süßstoff macht Kirstin den süßen Belag für ein Roggenbrötchen. In der Schule isst sie zwei Knäckebrote mit Tomatenmark und Bierschinken. Dazu gibt's frische Radieschen oder knackige Möhren. Wenn nachmittags der kleine Hunger kommt, macht Kirstin sich ein Vollkornbrot mit magerem Kassler. Sie streicht das Brot mit Ketchup ein, legt dünne Apfelscheiben darauf. »Dann kommt das Kassler.« Zum Abendbrot isst sie ein Tomatenbrot mit etwas Butter und frischen Basilikumblättern.

Donnerstag: Heute gibt's bei Kirstin Quarkbrötchen zum Frühstück. Sie verrührt den Quark mit etwas Milch, Süßstoff und Kakaopulver. »Schmeckt wie Schoko«, schwärmt sie. Ihr Pausensnack besteht aus einem Vollkornbrötchen mit Salatblättern, Gurkenscheiben, roten Paprikastreifen und einer Scheibe mildem Holländer Käse. Als süße Knabberei für zwischendurch isst sie Vollkornzwieback, den sie dünn mit Marmelade bestreicht. »Darüber streue ich noch Sonnenblumenkerne.« Zum Abendbrot belegt sich Kirstin zwei Scheiben Knäcke dünn mit Mayonnaise, einem Salatblatt und Geflügelwurst.

Freitag: Morgens holt sich Kirstin ein Mohnbrötchen vom Bäcker, bestreicht es dünn mit Butter und belegt es mit gehackten Schnittlauchröllchen und Radieschen in Scheiben. In der Schule isst sie ein Sesambrötchen mit Doppelrahmfrischkäse, verziert mit Bananenscheiben. Ihren Appetit auf Süßes stillt sie nachmittags mit tiefgefrorenen Himbeeren. Sie lässt 100 Gramm Früchte auftauen, vermischt sie mit einem gehäuften Esslöffel Crème Fraîche und Süßstoff. »Meine Sahnehimbeeren schmecken klasse auf frischem Sonnenblumenkernbrot.« Abends gibt's bei ihr Käsebrot mit Möhren. »Ich verteile eine kleine Ecke Schmelzkäse aufs Brot.« Dann raspelt sie eine Möhre, träufelt etwas Zitronensaft darüber, würzt mit einer Prise Salz und Pfeffer. »Die Möhren kommen oben auf den Käse.«

Samstag: Zum Frühstück verquirlt Kirstin ein Ei mit Schnittlauchröllchen, Salz, Pfeffer und einem Esslöffel Milch. Dann lässt sie in einer beschichteten Pfanne einen Teelöffel Butter aus und verrührt das Ei, bis es stockt. »Mein Brot bestreiche ich wieder mit Ketchup. Dann kommt das Rührei aufs Brot.« Mittags macht sie sich Wurstsalat. Sie schneidet ein Würstchen und eine Tomate in Scheiben, stiftet eine Möhre und würzt alles mit Zitronensaft, Salz, Pfeffer und gehackten Kräutern. Den Wurstsalat bettet sie in ein Salatblatt und legt die Portion auf eine mit Mayonnaise bestrichene Scheibe Vollkornbrot. Der süße Snack am Nachmittag wird auf zwei Scheiben Sesam-Knäckebrot verteilt. Kirstin reibt einen Apfel, zerdrückt eine Banane und nimmt die Spalten einer Mandarine. Das Obst wird mit Honig und Zimt gesüßt, in etwas Quark verrührt und aufs Knäckebrot verteilt. Abends belegt Kirstin eine dünn gebutterte Scheibe Vollkornbrot mit Geflügelwurst. Sie schneidet rohe Champignons in Scheiben darüber und isst dazu eine Gewürzgurke.

Sonntag: Für die Vorbereitung ihres Frühstücks lässt sich Kirstin sonntags immer Zeit. Sie mag gern Fruchtspieße. Dafür buttert sie eine Scheibe Vollkornbrot und schneidet sie in kleine Ecken. Dann würfelt sie etwas milden Käse. Auf Holzspieße, die die Mutter immer für Schaschlik nimmt, steckt sie abwechselnd Brot, Käse und süße Früchte. Je nach der Jahreszeit nimmt sie Erdbeeren, Weintrauben, Mandarinen, Apfelspalten, Ananasstückchen aus der Dose oder getrocknete Aprikosen. »Bananenscheiben gehören auf jeden Fall mit auf den Spieß. Sie schmecken so gut mit Käse.« Wenn sie zwischendurch Appetit auf etwas Herzhaftes hat, bestreicht sie ein Brot dünn mit Salatcreme und belegt es mit den Scheiben einer sauren Gurke aus dem Glas. Nachmittags gönnt sie sich ein Stückchen Obstkuchen oder legt die Spalten einer Orange auf Löffelbiskuits. Sie presst eine Zitrone aus, gibt etwas Süßstoff dazu und gießt den Saft über die Biskuits. »Die lass ich dann schön durchziehen. Dann schmecken sie herrlich fruchtig.« Zum Abendbrot gibt es überbackenes Käsebrot. Dafür schneidet Kirstin eine Tomate in Scheiben, streut gehackte Kräuter darüber und legt in Streifen geschnittenen Käse darauf. Dann schiebt sie das Brot in den Backofen und wartet, bis der Käse geschmolzen ist. Wenn vom Sonntagsbraten noch etwas übrig ist, isst Kirstin auch gern ein Stückchen kaltes Fleisch auf Brot.

»Mit Brot kann man so viel machen«, sagt sie. »Ich habe früher immer nur langweilige, dicke Schnitten gegessen. Ich wusste ja nicht, dass man fast alles auf Brot essen kann.« Kirstin treibt heute Sport, isst mindestens fünf kleine Mahlzeiten am Tag und ist nie richtig hungrig. »Denn Brot macht lecker satt!«

Fruchtzwerg Petra

Obst ist gesund! Das weiß jedes Kind. Doch die wenigsten Kinder wollen freiwillig in den sauren Apfel beißen. Petra (11) ist erst zum Fruchtzwerg geworden, als sie bei einer Freundin Ananas-Quark mit Müsli probiert hat. Jetzt experimentiert sie gern selbst mit Früchten, variiert Obst mit Joghurt, Dickmilch und natürlich mit Quark. Ihrer Phantasie sind keine Grenzen gesetzt. »Ich hab ganz viele Rezepte selbst erfunden«, sagt sie heute stolz. Petra war früher eine schlechte Obstesserin. »Mutti hat mir immer einen Apfel mit in die Schule gegeben – und ich hab ihn weggeworfen oder verschenkt.« Auch heute mag Petra nur Kirschen, Pfirsiche oder Nektarinen »wie sie am Baum wachsen«. Auch exotische Früchte wie Mangos isst sie frisch aus der Schale. Aber das meiste Obst muss für sie irgendwie mit Zutaten verfeinert werden.

»Für Mutti und mich mache ich manchmal Schoko-Birne zum Frühstück«, sagt sie. Dafür schneidet Petra eine süße Birne in kleine Stückchen, nimmt 150 Gramm Joghurt und zwei Esslöffel Kakaopulver. Alles wird verrührt und mit etwas Zucker oder flüssigem Süßstoff gesüßt. »Dann streuen wir noch Fertig-Müsli drauf.«

Müsli, gehackte Nüsse oder Körner (Sonnenblumen, Sesam, Kürbiskerne, Leinsamen) gehören für das Mädchen zum Obst dazu. Zum Nachtisch schneidet sie sich eine saftige Orange in kleine Stücke, mischt zwei Esslöffel Müsli unter – fertig! Wenn die Apfelsine zu sauer ist, süßt sie mit Honig nach. »Man kann auch Mandarinen nehmen.« Die mag sie jedoch am liebsten mit gehackten Haselnüssen in Joghurt oder Quark. »Die Mandarinen spritzen so schön im Mund, wenn man draufbeißt.«

Wenn Petra Hunger auf Süßes hat, macht sie sich Zwieback mit Honig, streut etwas Sesamsamen darüber und legt die Bananenscheiben darauf.

In ihren Bananen-Joghurt kommt Zimt, etwas Zitronensaft, ein Teelöffel Honig, eine klein geschnittene Banane und zwei Esslöffel Haferflocken. »Die röste ich vorher in der Pfanne.« Ananas mag Petra nur aus der Dose. Sie schneidet die Scheiben in kleine Ecken, verrührt sie mit etwas Zucker und Zimt in einem Becher Joghurt. Manchmal schneidet sie noch Dörrobst dazu (Pflaumen, Aprikosen) und bestreut ihr Dessert mit Sesamsamen, Kürbiskernen oder Corn Flakes.

Beeren aller Art isst Petra am liebsten, wenn sie aus der Tiefkühltruhe kommen. Das Mädchen zerdrückt die aufgetauten Früchte mit der Gabel. Dann mischt sie frisches Obst (zum Beispiel Kiwi oder Banane) unter und rührt alles in Quark oder Joghurt. »Brombeeren schmecken mit Haferflocken richtig lecker.« Himbeeren mag sie gern mit einem Esslöffel Quark und zwei Teelöffel Crème Fraîche verrührt. Aus Erdbeeren macht Petra ihren Milch-Shake. In einen achtel Liter Milch schneidet sie 150 Gramm Erdbeeren, presst eine halbe Zitrone aus und süßt alles mit Zucker oder Süßstoff.

In ihren Obstsalat kommen alle Früchte, die gerade auf dem Markt sind. »Man kann nehmen, was man will«, meint sie. Kiwi, Äpfel, Birnen, Erdbeeren, Trauben, Pflaumen, Pfirsiche, Orangenspalten oder Mandarinen. »Auf jeden Fall muss eine Banane mit rein«, erklärt sie. Auch auf gehackte Haselnüsse mag sie nicht verzichten. Über ihren Früchte-Cocktail streut Petra etwas Zucker und lässt alles ziehen. Zum Abschluss kommt noch ein Esslöffel Müsli darüber. »Dazu esse ich gern einen Klecks Sahne.«

Kartoffel-Königin Birgit

Schon als kleines Kind aß Birgit gern Kartoffeln. »Ich erinnere mich an das cremige Püree meiner Mutter. Das hab ich gleich tellerweise verputzt.«

Für Birgit ist die Kartoffel mehr als nur ein Lebensmittel. »Ich liebe Kartoffeln. Sie lassen sich so herrlich variieren.« Über die Inhaltsstoffe der Knolle weiß Birgit bestens Bescheid: »Sie enthält viele Mineralstoffe wie Kalzium, Kalium, Phosphor und Eisen und außerdem noch jede Menge Vitamin C.« Am meisten schätzt das Mädchen den Geschmack: Als sie sich durch privaten Stress (Scheidung der Eltern) und schulische Anforderungen (sie paukt für ein Super-Abitur, weil sie Medizin studieren will) bis an die Grenze zur Magersucht gehungert hatte, konnte sie auf ein Lebensmittel nie ganz verzichten: Auf Kartoffeln! Mit Kartoffelgerichten hat sie nach einer Therapie auch wieder angefangen, normal zu essen.

»Es klingt vielleicht wie eine Geschmacksverirrung, aber ich mag auch süße Kartoffelgerichte!« Für ihre Zuckerkartoffeln gart sie möglichst kleine Kartoffeln in Salzwasser, pellt sie anschließend und brät sie in Zucker (50 Gramm) und Butter (50 Gramm) in der Pfanne goldbraun. Ihr Tipp: »Zuerst den Zucker in der Pfanne schmelzen lassen, dann Butter zugeben und gut rühren, bis alles schön braun ist. Erst dann kommen die Kartoffeln hinzu.«

Wenn Birgit viel Zeit hat, macht sie Kartoffelhörnchen für Freunde. »Einen Tag vorher schäle ich ein halbes Pfund Kartoffeln, koche sie, schütte sie ab und lasse sie über Nacht im Kühlschrank stehen.« Erst am nächsten Tag reibt Birgit die Kartoffeln in eine Schüssel, mischt 300 Gramm Mehl mit einem Päckchen Backpulver und verknetet die Kartoffelmasse mit 100 Gramm Zucker, einem Päckchen Vanillezucker, etwas Salz, zwei Eiern, 75 Gramm geriebenen Haselnüssen und 75 Gramm Butter.

»Der Teig muss wieder zugedeckt für einen halbe Stunde in den Kühlschrank.« Dann teilt Birgit den Teig in zwei Hälften, denn für 24 Hörnchen muss sie in zwei Arbeitsschritten vorgehen.

Sie rollt die erste Hälfte des Teigs zu einer runden Torte aus (einen halben Zentimeter dick), schneidet sie in zwölf gleich große Tortenstückchen und kleckst auf das breite Ende einen viertel Teelöffel Aprikosenmarmelade. »Jedes einzelne Stückchen wird zur Spitze hin aufgerollt.« Die andere Hälfte des Teigs wird ebenso verarbeitet. »Ich bekomme aus dem Teig insgesamt

24 Hörnchen, die ich auf ein gefettetes Backblech gebe.« Dann verquirlt sie ein Eigelb mit zwei Esslöffel Milch und pinselt die Hörnchen damit ein. Auf der mittleren Schiene müssen die Kartoffelhörnchen jetzt bei 200 Grad 20 Minuten in den Backofen.

Das Rezept für ihre Kartoffel-Torte kursiert bereits unter Freundinnen: 300 Gramm Kartoffeln einen Tag vorher kochen, schälen und am nächsten Tag reiben. 6 Eier trennen, das Eigelb mit 150 Gramm Zucker und etwas Salz schaumig rühren. Dann kommen die abgeriebene Schale einer Zitrone, 100 Gramm gemahlene Mandeln, 50 Gramm fein geschnittenes Zitronat, 50 Gramm Rosinen und die Kartoffeln in den Schaum. Birgit schlägt das Eiweiß schaumig und rührt es unter den Teig, der dann in eine gefettete Springform (24 Zentimeter) kommt, die mit Paniermehl ausgestreut ist. Die Torte muss bei 180 Grad eine Stunde backen. Wenn sie abgekühlt ist, wird noch Puderzucker zur Verzierung darüber gestreut. »Manchmal weiche ich auch die Rosinen vorher in einem Gläschen Rum ein – aber das muss nicht sein.«

Trotz all der süßen Kartoffel-Köstlichkeiten mag Birgit am liebsten deftige Gerichte aus der Knolle. »Es gibt nur wenige Köche, die wirklich gute Bratkartoffeln machen können«, kritisiert sie. »Dafür muss man nämlich eine richtig große Pfanne nehmen, damit die Kartoffelscheiben auch genug Platz haben und schön braun werden.« Manchmal nimmt Birgit gekochte, manchmal auch rohe Kartoffeln. »Ich mag beides gern. Aber immer gehört für mich Speck dazu.« Für zwei Personen nimmt sie auf ein Pfund Kartoffeln 80 Gramm Speck, würfelt ihn fein und hackt 100 Gramm Zwiebeln. »Ich lasse den Speck in der Pfanne aus und lege dann die Kartoffelscheiben darauf. Zwiebeln, Salz und Pfeffer kommen darüber. Erst nach etwa fünf Minuten wende ich die Kartoffeln und lasse die andere Seite knusprig werden.«

Birgit gibt manchmal auch Petersilie, Schnittlauch, etwas Rosmarin oder Knoblauch über die Bratkartoffeln. »Wenn ich rohe Kartoffeln nehme, brate ich sie in Butter. Die müssen häufiger gewendet werden, bis sie in der Mitte weich und außen schön knusprig sind.« Bratkartoffeln dauern zwischen zehn und zwanzig Minuten. »Am Anfang muss man immer mit viel Hitze arbeiten, die man dann allmählich reduziert.« Kleiner Trick, wenn die Bratkartoffeln nicht braun genug werden: »Einfach etwas Zucker darüber streuen.«

Zu Folienkartoffeln serviert Birgit meistens Quark oder ihre Erfindung: »Grüne Tunke«. Dafür braucht sie mindestens sieben Kräuter, die sie ständig variiert, zum Beispiel Dill, Kerbel, Petersilie, Schnittlauch, Sauerampfer, Basilikum und Estragon. Sie halbiert vier hart gekochte Eier, zerdrückt das Eigelb mit der Gabel, verrührt es mit zwei Esslöffel Olivenöl, zwei Esslöffel Zitronensaft, einem Teelöffel Senf, einem halbem Liter saurer Sahne, etwas Salz, Pfeffer und Zucker. Dann kommen die gehackten Kräuter, das klein geschnittene Eiweiß und eine fein gehackte Zwiebel hinzu. Fertig ist Birgits Grüne Tunke, die ihre Folienkartoffeln krönt.

Sie experimentiert gern mit Kräutern. »Ganz gleich, ob frische oder getrocknete Kräuter.« Auch ihre knusprigen Kräuter-Kartoffeln schmecken ausgezeichnet. Dazu würfelt sie 700 Gramm rohe Kartoffeln und brät sie in drei Esslöffel heißem Olivenöl. In der Zwischenzeit mischt sie in einem Schüsselchen zwei Teelöffel Salbei, drei Teelöffel Rosmarin, einen halben Bund gehackte Petersilie, einen halben Bund Schnittlauch und zwei zerdrückte Knoblauchzehen mit etwas Salz und Pfeffer. »Kurz bevor die Würfelchen dann schön braun sind, mische ich die Kräuter unter und lasse sie ganz kurz mit in der Pfanne anbraten.«

Birgit sammelt viele internationale Kartoffelrezepte. Zum Beispiel Mousse Parmentier aus Frankreich. »Es ist aufwändig und ich mache es nur, wenn die ganze Familie mal wieder zusammen ist.« Für vier Personen muss man ein Kilo Kartoffeln kochen, pellen und durch eine Presse drücken. Dann wird das Mus mit drei Eigelb, drei Esslöffel Butter, Muskat, Pfeffer, Salz und einem viertel Liter Sahne verrührt. Das Eiweiß wird zu Schnee geschlagen und untergehoben. »Alles wird mit 150 Gramm geriebenem Parmesankäse überstreut, kommt in eine gebutterte Form und wird eine halbe Stunde bei 220 Grad im Backofen überbacken.«

Aus einem Skiurlaub in der Schweiz hat sie ihr Rezept für »Ofentürli« mitgebracht: Ein Kilo gekochte Kartoffeln werden gepresst und mit 100 Gramm Mehl, 200 Gramm Butter und etwas Salz verknetet, bis ein Teig entsteht. Der Kartoffelteig wird auf einem gefetteten Backblech ausgerollt, mit 100 Gramm Butterflocken garniert und bei 220 Grad goldgelb gebacken.

Birgit mag auch gern gefüllte Kartoffeln. Zum Beispiel mit Rührei: »Dafür koche ich vier große Kartoffeln gar, schneide den Deckel ab und höhle sie mit einem Löffel aus.« Dann gibt sie einen halben Esslöffel Butter in die Pfanne, dünstet 100 Gramm geschnittene Champignons und gibt zwei verquirlte Eier hinzu. »Wenn alles schön stockig ist, würze ich mit Salz und Pfeffer, mische alles mit dem zerdrückten Kartoffelbrei und fülle es in die ausgehöhlten Kartoffeln.« Dann streut Birgit etwas geriebenen Parmesankäse darüber und lässt die Kartoffeln im Backofen kurz überbacken.

»Ich kann nicht verstehen, dass in vielen Familien Kartoffeln einfach nur in Salzwasser gekocht und serviert werden. Man kann sie so abwechslungsreich und schmackhaft zubereiten«, sagt Birgit. »Ich weiß nicht, welches Lebensmittel noch so variationsreich ist, Nudeln und Gemüse vielleicht?«

Kartoffeln sind außerdem die reinsten Schlankmacher: Es gibt eine ganze Reihe köstlicher, kalorienreduzierter Gerichte mit Kartoffeln, die trotzdem gut satt machen. Wie die schlichte Kartoffelsuppe: Pro Person würfelt man drei rohe Kartoffeln, schneidet eine Stange Porree und eventuell eine Möhre in einen Viertelliter Brühe und lässt alles zehn Minuten kochen. Mit Salz, Pfeffer, Bohnenkraut abschmecken und ein klein geschnittenes Brühwürstchen kurz mitkochen. Vor dem Essen etwas Petersilie darüber streuen. »Die Suppe geht schnell, macht satt und ist wirklich sehr leicht«, meint Birgit. Auch Schinken-Bratkartoffeln kann man ohne viel Kalorien zubereiten: Man brät für eine Person drei Scheiben Bierschinken in einer beschichteten Pfanne langsam knusprig. Dann kommen vier gekochte und gewürfelte Kartoffeln und eine kleingeschnittene Zwiebel hinzu. Alles wird mit Salz, Pfeffer und etwas Rosmarin gewürzt. Dazu gibt's Salat.

Auch die Kalorienbombe Kartoffelsalat lässt sich leicht entschärfen. Warmer Kartoffelsalat schmeckt gut zu Brühwürstchen. Für eine Portion kocht man drei Pellkartoffeln und schneidet sie in Scheiben. Für die Salatsoße wird eine Zwiebel gewürfelt und in einer halben Tasse Instantbrühe mit einem Spritzer Zitronensaft, etwas Süßstoff, zwei Teelöffel Magermilchpulver und Pfeffer aufgekocht. Wer mag, kann noch ein Lorbeerblatt und einen Teelöffel Senf hinzufügen. Die Kartoffeln müssen 15 Minuten in der Soße ziehen, damit sie den Geschmack gut annehmen. Der Salat wird mit frischen Kräutern (Kresse, Dill, Petersilie oder Schnittlauch) verfeinert.

Magere Soßen für Kartoffelsalat lassen sich schnell zubereiten. Zum Beispiel aus einen Teelöffel Salatcreme, zwei Esslöffel Brühe, Zitronensaft, Salz und Pfeffer. Eine Gewürzgurke, eine Tomate und frische Kräuter mit in den Salat geben. »Ich nehme meinen Kartoffelsalat in einer Tupper-Dose auch als Zwischenmahlzeit mit in die Schule«, sagt Birgit. »Er macht satt, aber nicht denkfaul.«

Quark-Tante Hella

Hella (13) liebt Quark. Sie bezeichnet sich selbst als »richtige Quark-Tante«. Früher hat das fröhliche Mädchen ungern gefrühstückt. »Ich hab dicke Brote nur schwer runtergekriegt.« Sie ging meist nüchtern zur Schule und naschte dann in der Pause Schokoriegel und Süßes gegen den Hunger. Als Hella immer dicker wurde, holte sich ihre Mutter bei einer Ernährungsberatungsstelle Tipps. »Ich hab gelernt, dass gesunde Sachen auch lecker sind«, sagt Hella. Heute experimentiert das Mädchen gern in der Küche und probiert unterschiedliche Rezepte aus. Am liebsten experimentiert sie mit Quark. Sie verrät ihre liebsten Quarkvariationen:

Hella nimmt 200 Gramm Speisequark, rührt ihn mit etwas Mineralwasser cremig, presst eine Zitrone aus, fügt den Saft hinzu, gibt einen Teelöffel Honig oder flüssigen Süßstoff hinzu und reibt einen kleinen Apfel in den Quark. »Ich gebe noch einen Teelöffel Zimt dazu. Das schmeckt immer ein bisschen nach Weihnachten.« In einer beschichteten Pfanne hat Hella zwei Esslöffel Haferflocken geröstet, die sie anschließend über den Quark streut. »Die sind so knusprig!« Manchmal nimmt Hella anstelle des Apfels auch Kiwi, Orangen- oder Mandarinenstückchen oder schneidet eine Birne in kleine Stifte. »Dann tue ich keinen Zimt rein. Der passt nur zum Apfel.« Statt Haferflocken streut sie auch Corn Flakes, Weizenkleie, ihr selbst gemachtes Müsli oder klein geschnittene Haselnüsse über den Quark. Ihr Lieblingsrezept ist jedoch »Quark rot-weiß«. Sie zerdrückt aufgetaute Himbeeren aus dem Tiefkühlfach mit der Gabel zu Brei, süßt den Quark mit etwas Zucker, Süßstoff oder Honig und rührt den Himbeerbrei darunter. Dann streut sie einen Esslöffel Fertig-Müsli darüber. »Ich nehme immer ganz viele Himbeeren, weil der Quark dann so schön fruchtig ist.«

Auf Brot isst Hella zum Frühstück am liebsten Schokoquark. »Der geht ganz einfach!« Sie nimmt 100 Gramm Quark, verrührt einen Esslöffel Kakaopulver mit Milch oder Mineralwasser. Fertig. »Manchmal nehme ich statt Kakao auch Kaffeepulver. Dann schmeckt der Quark wie Mokkacreme.« Schokoriegel isst Hella heute nur noch selten. »Die sind mir mittlerweile zu süß.«

Hella verfeinert ihren Quark oft auch mit einem Löffel Joghurt, Kefir, etwas Milch oder Sahne. »Mit dem Rührgerät schlage ich ihn schön schaumig.« Zum Süßen nimmt sie auch Vanillezucker oder Sanddornsirup aus dem Reformhaus.

Als Snack für zwischendurch mag Hella ihren Quark auch gern deftig. Es gibt meist Kräuterquark aufs Brot. Hella hat einen kleinen Kräutergarten auf der Fensterbank. »Kresse schmeckt super.« Sie würzt den Quark mit etwas Paprikapulver, wenig Salz und einem Teelöffel Tomatenmark. »Dann streue ich ganz viel frische Kresse darüber.« Auch Kümmelpulver und Schnittlauch-röllchen lassen sich je nach Geschmack mit Quark anrichten. »Manchmal schneide ich einfach nur eine kleine Zwiebel in den Quark und streue ein paar Trockenkräuter darüber.« Quark schmeckt je nach Zubereitung prima zu Pellkartoffeln, Brot und natürlich zum Dessert.

Über ihren heißgeliebten Quark und die Tipps der Ernährungsberaterin hat Hella obendrein Joghurt, Kefir und Buttermilch entdeckt. »Fast alles, was mit Quark schmeckt, kann man auch mit anderen Milchprodukten machen«, sagt sie. Mit einem Teelöffel Kakaopulver, gehackten Hasselnüssen oder gerösteten Haferflocken peppt sie »Milch & Co« zum süßen Snack für zwischendurch auf.

»Ich mag beispielsweise auch gern Magermilchjoghurt mit Anis, Süßstoff, Zitronensaft und einer klein geschnittenen Banane.« Für ihre indische Gewürzmilch kann sie alle Freundinnen begeistern. »Die geht ganz einfach: Nelkenpulver, Ingwer, Zimt oder Anis wird mit Buttermilch verquirlt und mit Honig gesüßt. Dazu gibt's Vollkornbutterkekse.«

Viele Milch-Snacks verfeinert sie mit ihrem »Hella Spezial-Müsli«, das sie auf Vorrat zubereitet und in einem verschlossenen Glas aufbewahrt. Dafür schneidet sie Rosinen klein, hackt Haselnüsse, gibt die doppelte Menge Haferflocken hinzu, etwas Sesam und Weizenkleie. »Die Haferflocken vermische ich mit den Nüssen und den Sesamsamen und röste alles in der Pfanne. Wenn die Knabber-Krümel kalt sind, kommen Weizenkleie und Rosinen hinzu und alles wandert ins Vorratsglas. Mein Müsli schmeckt schön nussig und ist nicht so süß wie die gekauften.« Auch mit Trockenfrüchten süßt Hella ihre Desserts. »Manchmal nehme ich getrocknete Pflaumen, manchmal nur Aprikosen.«

Ihr Lieblingspudding ist aus Buttermilch. »Die muss ich nur noch fest kriegen!« Dazu verwendet Hella farbige Gelatineblätter, die sie vorher in Wasser aufweicht. »Für einen Viertelliter Buttermilch brauche ich drei Blätter. Die Milch wird kurz auf dem Ofen erwärmt und mit der glibberigen Gelatine und dem Vanillezucker verrührt.« Dann füllt Hella alles in Dessertgläschen und lässt ihren Pudding im Kühlschrank kalt werden. »Schmeckt eins A und hat kaum Kalorien.« Die Quark-Tante Hella isst ansonsten gern gebratenes Gemüse, Salate und Nudeln.

Nudel-Fan Britta

Britta (14) liebt Nudeln in allen Variationen. »Nudel machen mich satt und glücklich«, sagt sie. Das Mädchen neigt zu Übergewicht und hat schon zahlreiche Diäten ausprobiert. »Ich hab dann immer Heißhunger auf Nudeln gehabt.« Heute weiß Britta, dass Nudeln nicht dick machen. »Es kommt halt auf die Menge und die Zubereitung an.«

Ihre Gemüsepfanne mit Nudeln ist auch bei den Freundinnen beliebt. In einer beschichteten Pfanne brät sie eine kleine Zucchini, eine gelbe oder rote Paprika, zwei Lauchzwiebeln, zwei kleine, in Stifte geschnittene Möhren in einem Esslöffel Olivenöl, bis das Gemüse schön knackig ist. »Ich lösche das Gemüse mit einem knappen Esslöffel Sojasoße, streue etwas Kräutersalz darüber und brate die bissfesten Nudeln kurz mit an. Dann presse ich eine Knoblauchzehe aus, verrühre sie mit einem Becher Joghurt und gebe den Knofi-Joghurt auf dem Teller über das Nudelgemüse. Schmeckt super!«

Britta mag Nudel auch kalt als Salat – ohne fette Mayonnaise. Sie kocht 75 Gramm Vollkorn-Nudeln in Salzwasser bissfest, schneidet eine kleine Zwiebel und eine Paprikaschote in Würfel, kocht eine halbe Tasse Instant-Brühe auf, würfelt ein kleines Brühwürstchen und mischt alles mit einem Schuss Essig und einem Teelöffel Salatcreme. »Manchmal schnibbel ich auch noch eine Stange Porree oder Radieschen mit in den Nudelsalat oder tue stattdessen eine kleine Dose Erbsen dazu. Wenn man die Erbsen nicht mag, schmeckt eine Gewürzgurke gut. Statt Essig kann man auch etwas Zitronensaft zum Abschmecken nehmen.«

Britta variiert alle möglichen Gemüse mit Nudeln. »Man muss nur herumprobieren und dann entscheiden, was man am liebsten mag.« Für ihre Spaghetti mit Hackfleischsoße braucht Britta pro Portion 120 Gramm Rinderhack, eine Dose geschälte Tomaten, eine kleine Zwiebel, eine Knoblauch-Zehe, Kräuter der Provence und etwas Käse. »Die Spaghettisoße geht schnell und ist simpel. Ich brate das Hack in zwei Teelöffeln Olivenöl, bis es richtig schön braun ist. Dann kommt die gewürfelte Zwiebel dazu. Wenn die glasig ist, geb ich die Tomaten dazu, würze alles mit etwas Salz, Pfeffer und Kräutern (Petersilie, Schnittlauch, Kräuter der Provence oder getrocknetes Basilikum).« Auf dem Teller bestreut sie die Nudeln noch mit einer klein geschnittenen Scheibe Käse. Dazu gibt's Salat.

»Ich mag auch gern Nudelauflauf mit gekochtem Schinken.« Dazu kocht Britta 70 Gramm Vollkornnudeln statt in Salzwasser in einem aufgelösten halben Würfel Gemüsebrühe. Sie schneidet eine Scheibe gekochten Schinken in kleine Streifen, verrührt ein Ei mit einem halben Becher saurer Sahne und gibt die Nudeln mit zwei in Achtel geschnittenen Tomaten und einer zerkleinerten Lauchzwiebel in eine gefettete Auflaufform. Das verrührte Ei wird darüber gegossen und alles bei 200 Grad etwa 45 Minuten in den Backofen geschoben.

Britta sammelt Nudelkochbücher und schwärmt für die italienische Küche. Sie kocht am liebsten für ihre Schulfreundinnen und die ganze Familie. »Alle lecken sich nach meinem Spaghetti-Fischauflauf die Finger«, sagt sie. »Und es geht ganz einfach.« Für vier bis sechs Personen nimmt Britta 250 Gramm Spaghetti, zwei Dosen Thunfisch (à 150 Gramm), 200 Gramm Tomaten, einen achtel Liter saure Sahne, einen achtel Liter Milch, zwei Eier, 40 Gramm Parmesankäse, Pfeffer, Petersilie oder Schnittlauch, etwas Salz und zwei Knoblauchzehen.

Die erste Hälfte der bissfest gekochten Spaghetti kommt in die mit etwas Butter eingefettete Auflaufform. »Dann werden zerpflückte Thunfischstückchen auf die Nudeln verteilt.« Die restlichen Nudeln werden jetzt über den Fisch gegeben, die Tomaten kommen als Krönung obendrauf. Britta hat sie vorher abgebrüht, um die Haut abzuziehen, und dann in Scheiben geschnitten. »Sahne, Milch, Eier und der geriebene Käse werden verrührt, mit etwas Salz, Pfeffer, den gepressten Knoblauchzehen und den Kräutern abgeschmeckt und über den Auflauf gegossen.« Bei 200 Grad wandert die Auflaufform in den vorgeheizten Ofen. »Nach 20 Minuten sind die Spaghetti fertig«, sagt Britta.

Zum Dessert isst sie gern frisches Obst. »Seit ich regelmäßig esse, wenn ich hungrig bin, kann ich mein Gewicht prima halten.«

Grünpflanze Eva

Solange sie denken kann, findet sich Eva (17) zu dick. Sie weiß viel über Lebensmittel und Diäten. »Ich war immer im Wahn, abnehmen zu müssen.« Drei Jahre litt die junge Frau unter Bulimie. »Bis ich mein Essverhalten zum Kotzen fand«, sagt sie selbstkritisch. »Ich wusste immer, wie man sich gesund ernährt – und nach einer kurzen Therapie hab ich endlich auch angefangen, gesund zu essen.« Eva liebt Salate und Gemüse. »Ich bin eine richtige Grünpflanze«, erzählt sie.

Ihr Lieblingssalat ist bunt. Sie nimmt Möhren, rohe Zucchini, Lauchzwiebeln, Tomaten, Mais, Eisbergsalat, Paprika, Radieschen, Champignons, Salatgurken, etwas Schafskäse, zwei bis drei Anchovis, ein paar Oliven und eine reife Avocado. »Eigentlich kommt in den Salat alles, was ich so mag.« Sie schneidet das Gemüse klein, übergießt es mit dem Saft einer Zitrone und bereitet die Salatsoße aus etwas Olivenöl, Balsamico-Essig, einer Prise Salz, Pfeffer und einem Spritzer Süßstoff. »Dann presse ich zwei Knoblauchzehen aus und zerdrücke die reife Avocado, die ich mit in die Salatsoße gebe.« Der Salat muss fünf Minuten in der Soße ziehen. »Ich kann Unmengen von meinem Gemüsesalat verdrücken. Er ist gesund, knackig, lecker und macht nicht dick.« Jeder kann nach eigenem Geschmack sein Lieblingsgemüse hinzufügen. Nur Kohlsorten passen nicht so gut. »Es gibt nur eine Regel, und die heißt: Hauptsache, es schmeckt!«

Eva mag jede Art von Grünzeug und Gemüse. »Deftig muss es sein«, meint sie. Auch Kohlsorten kommen bei ihr regelmäßig auf den Tisch. Sie mag gern Blumenkohl und Broccoli. »Dafür hab ich mir unterschiedliche Zubereitungsarten ausgedacht, die ich immer wieder variiere.« Mal macht Eva eine Holländische Soße oder sie übergießt die blanchierten Röschen mit zerlassener Butter und überstreut sie mit fein gehackten, harten Eiern. »Ich mag Blumenkohl und Broccoli auch gargekocht und dann mit einer Joghurtsoße übergossen. Die Soße würze ich mit Zitronensaft, Salz, Pfeffer und Petersilie oder Schnittlauch.« Manchmal verfeinert sie die Kohlröschen mit fein geschnittenen Brotstückchen, die sie zuvor in der Pfanne in etwas Butter gebräunt hat.

»Man kann mit Gemüse so viel machen. Da gibt es keine Grenzen.« Eva isst nur selten Fleisch. »Und wenn, dann hab ich immer mehr Gemüse als Fleisch auf dem Teller.«

Ihre Zucchini-Nudel-Pfanne wird allenfalls mit etwas Putenfleisch angereichert. Sie schneidet 500 Gramm Zucchini in Stifte, gibt das Gemüse mit den dünnen Ringen einer Zwiebel und den Nudeln (60 Gramm) in kochende Gemüsebrühe (250 Milliliter), fügt eine klein geschnittene Tomate hinzu und lässt alles etwa zehn Minuten garen. »Kurz bevor alles gar ist, reibe ich etwas Käse (80 Gramm) in den Topf und lasse alles noch ein paar Minuten garen.« Gleichzeitig brät sie ein kleines Putensteak mit Salz und Pfeffer in der Pfanne. »Ich tröpfel noch etwas Zitronensaft über das Fleisch, dann gebe ich die Gemüsenudeln über das Steak – fertig.«

Von ihrer Großmutter hat sie ein Sauerkraut-Gericht geerbt, das sie im Winter gern zubereitet. Sie brät 250 Gramm Rinderhack in der Pfanne schön braun, würzt es mit etwas Salz und Pfeffer, gibt 250 Gramm Zwiebeln dazu und 250 Gramm Sauerkraut. »Am besten man nimmt loses Sauerkraut. Es ist würziger als das aus der Dose.« Dann lässt sie alles zusammen dunkelbraun anbraten. »Dazu mache ich mir frische Stampfkartoffeln, die ich mit etwas Milch und einem kleinen Stich Butter verfeinere.« Die gehaltvolle Wintermahlzeit gönnt sich Eva eher selten.

Tagsüber knabbert sie Rohkost. »Je nachdem, was gerade frisch auf dem Markt ist. Ich schäle Kohlrabi und Möhren, schneide Salatgurken in mundgerechte Stücke, nasche Radieschen, Cocktailtomaten, aber auch Stangensellerie und Paprika. Alles roh!«

In ihrem Urlaub in Andalusien ist Eva auf den Auberginen-Geschmack gekommen. »Ich halbiere Auberginen, höhle sie aus und hacke das Fruchtfleisch in kleine Würfel. Dann mische ich klein geschnittene Tomaten, grüne Paprika und gekochten Schinken in Stückchen darunter. Das Mischungsverhältnis kann jeder nach seinem eigenen Geschmack bestimmen.« Bei 200 Grad lässt Eva dann alles 30 Minuten im Backofen schmoren. »Zum Schluss gebe ich noch etwas Tomatensoße darüber. Dazu esse ich Brot. Das ist ein leckeres Mittagessen.«

Paprikaschoten bereitet Eva ganz unterschiedlich zu. »Entweder mische ich Bratwurstfleisch mit gekochtem Reis, fülle alles in die blanchierte Schote, gebe noch etwas Tomatensoße obendrauf und lasse sie kurz im Ofen dünsten.« Oder Eva füllt die Schoten mit Champignons, Schinken und Reis. »Manchmal gebe ich auch einfach angemachtes Hack hinein.«

Sie mag gern Paprika. »In allen Variationen!« Aber ihr Fleischtomaten-Rezept liebt sie besonders. »Ich habe eine brasilianische Schulfreundin. Sie hat das Rezept aus ihrer Heimat mitgebracht.« Dazu werden Fleischtomaten enthäutet und geviertelt. »In Rio brät man sie in Olivenöl und mischt gekochte rote Bohnen und geröstete Weißbrotwürfel unter die Tomaten. Alles wird kräftig mit Salz und Pfeffer gewürzt – einfach köstlich!«

Gemüse kann man prima variieren, es hat viele Vitamine und macht satt, aber nicht dick. »Außerdem ist es billig und geht schnell«, sagt Eva.

Fisch-Freund Daniel

Daniel (13) war ein schlechter Esser. Er aß langsam, war sehr wählerisch und mochte nur selten, was seine Mutter kochte. Bis Daniel bei einem Angelausflug mit dem Vater für sich Fisch entdeckte. »Es war klasse. Wir haben den ganzen Tag draußen geangelt und dann den Fisch gegrillt. Fisch schmeckt einfach super.« Auch aus der Tiefkühltruhe!

Fischstäbchen waren vor dem ersten Angelausflug sein Favorit, aber jetzt mag Daniel auch Fisch, »den man noch erkennen kann«: Zum Beispiel Forellen mit Bananen!

»Es klingt abenteuerlich, schmeckt aber wirklich lecker«, sagt der aufgeweckte Junge begeistert. Die Forellen aus dem Tiefkühlfach werden aufgetaut (man kann natürlich auch frische

Forellen nehmen), mit Zitronensaft beträufelt und in Mehl gewälzt. Mit etwas Salz und Pfeffer werden sie gewürzt und dann in der Pfanne braun gebraten. Dann werden die Forellen kurz warm gestellt. »Denn jetzt kommen die Bananen«, sagt Daniel. »Man muss sie einfach halbieren und im gleichen Fett braten, bis sie schön braun sind.« Dann kommt die Bananenhälfte auf den Fisch und wird mit einem Klecks Ketchup serviert. Dazu gibt es Reis. Die Gräten stören Daniel nicht. »Seit wir angeln gehen, kann ich die ganz leicht rauspulen ...«

Die Oma macht für Daniel manchmal Bratheringe im Speckmantel. »Wir schneiden die Köpfe, den Schwanz und die Flossen vorher ab«, erklärt Daniel. Die Oma entgrätet die Heringe noch, bevor sie gebraten werden. »Wir klappen den Bauch auf und schmieren die Fische innen mit Senf ein. Dann wird der Bauch wieder zugedrückt und der Speck rumgewickelt.« In der Pfanne brät die Oma den Fisch auf beiden Seiten so lange, bis er schön knusprig ist. Dazu gibt's hausgemachten Kartoffelsalat. »Fisch ist gesund«, meint Daniel. »Und super lecker!«

Aus Dänemark hat der Vater ein Kochbuch mit Fischrezepten mitgebracht. Darin schmökert Daniel manchmal. »Da steht auch viel über all die unterschiedlichen Fische drin, die es so gibt.« Er mag selbst gefangenen Fisch natürlich am liebsten. »Aber manchmal angeln wir auch in der Tiefkühltruhe im Supermarkt«, sagt er. Er schwärmt für Fischbällchen aus Kabeljaufilet. Dafür braucht man für drei Personen 500 Gramm Kabeljaufilet, Zitronensaft, eine Zwiebel, eine kleine Dose Sardellen in Öl, Dill, ein Ei und ein Brötchen.

Der Fisch muss fünf Minuten ziehen, nachdem er mit Zitronensaft beträufelt wurde. Dann kommt er zusammen mit den Sardellen in den Fleischwolf und wird zerkleinert. Butter

(20 Gramm) wird mit Pfeffer und Salz schaumig gerührt, mit einer fein gehackten Zwiebel und dem Dill vermischt und dann kommt der Fisch in die Butter. Danach fügt Daniel das aufgeschlagene Ei, das Sardellenöl und ein vorher eingeweichtes Brötchen hinzu. »Daraus machen wir kleine Bällchen, die paniert werden.« In der Pfanne werden die Fischbällchen so lange in heißem Öl gebraten, bis sie knusprig braun sind. »Die schmecken sogar kalt«, sagt Daniel. Als Brotauflage mag Daniel auch gern geräucherte Forelle, Heilbutt oder Makrele. »Vorher gucke ich im Fischbuch nach, wo die leben und wie die aussehen ...«

Fleisch-Esser Dennis

Die Oma von Dennis (14) kommt aus Ungarn. »Sie macht alles mit Paprika und Fleisch«, sagt er. »Und alles ist schön scharf!« Dennis muss nicht auf sein Gewicht achten. »Ich esse gern und bin trotzdem in Form, weil ich viel Sport treibe.« Ganz besonders gern mag Tierfreund Dennis Fleisch. »Leider«, meint er schuldbewusst. Die Eltern ziehen ihn manchmal mit seinem Gewissenskonflikt auf. Bei einem Spaziergang kam die Familie an einer Weide mit jungen Kälbern vorbei. »Die waren extrem süß! Mein Vater hat ein Kälbchen angelockt, gestreichelt und dann zu dem Tierbaby gesagt: Guck mal, Kälbchen, das ist Dennis – der hat dich zum fressen gern ...!«

Seine Mutter kocht hauptsächlich vegetarisch. »Mamas fleischloser Hackbraten ist Weltklasse«, lobt Dennis. Dass für ihn Tiere sterben müssen, findet er nicht gut. »Schade, dass Steaks nicht auf den Bäumen wachsen«, bedauert er.

Trotzdem verrät Dennis zunächst Omas Paprikatopf-Rezept: »Wenn wir zu Besuch sind, koche ich mit ihr für uns vier – da kann dann auch Mama nicht widerstehen ...«

Für den Paprikaeintopf werden zwei gewürfelte Zwiebeln in 60 Gramm Schmalz angeröstet. Dann kommen 500 Gramm klein geschnittenes Kalbfleisch (Gulaschgröße) hinzu. Gewürzt wird mit etwas Salz und 20 Gramm Paprikapulver (edelsüß). Jetzt muss das Fleisch etwa 20 Minuten schmoren. In der Zwischenzeit werden zwei grüne, eine gelbe und eine rote Paprika in Streifen geschnitten und mit 300 Gramm Tomaten (ohne Haut, gewürfelt) in den Brattopf zum Fleisch gegeben. »Jetzt muss alles zusammen eine halbe Stunde schmoren«, erklärt Dennis. Kurz bevor der Paprikatopf fertig ist, gibt die Oma noch zwei gepresste Knoblauchzehen hinzu. Dazu isst Dennis am liebsten Brot oder Nudeln.

Auch Omas Gulaschsuppe schmeckt dem Jungen. Wenn er mit Freunden feiert, kocht er sie einen Tag vorher. »Die geht ganz einfach: 400 Gramm Rindergulasch werden in 50 Gramm Schweineschmalz angebraten. Dann kommen 200 Gramm Zwiebeln und drei Knoblauchzehen in groben und feinen Würfeln hinzu. Nachdem alles schön braun ist, wird etwas Mehl darüber gestreut. Alles wird mit einem Liter Fleischbrühe aufgegossen und mit Salz, Pfeffer und Paprikapulver (rosenscharf und edelsüß) gewürzt. »Ich tue noch etwas Majoran und eine Prise Zucker dazu. Dann muss alles 45 Minuten kochen.« In der Zwischenzeit schält und würfelt Dennis Kartoffeln, schneidet zwei Paprikaschoten und vier enthäutete Tomaten in Würfel und gibt alles in die Suppe. »Die muss jetzt noch mal mindestens 30 Minuten kochen.« Das Gulasch reicht für vier Personen. »Ich mache meist die doppelte Menge, denn meine Kumpels können nicht genug davon kriegen ...!«

Die Fleischküche der Großmutter mag altmodisch sein, aber Dennis liebt ihre deftigen Gerichte. Die vegetarischen Rezepte seiner Mutter sind jedoch auch nicht zu verachten. »Man schmeckt Fleisch, obwohl keins drin ist«, schwärmt er. »Es gibt ja in jedem Reformhaus Sojahack und Tofu – da kommt es dann nur auf die richtige Würze an.« Tipps stehen in jedem vegetarischen Kochbuch.

Wenn er sich nach der Schule mittags schnell etwas zubereitet, brät er meist Putensteak oder Hühnerbrust in wenig Pflanzenöl in einer beschichteten Pfanne an. »Ich würze das Fleisch mit Salz und Pfeffer, tröpfel ein bisschen Zitronensaft darüber und schneide meist noch Schnittlauch in Röllchen.« Dazu verrührt er eine gewürfelte Zwiebel mit Salz, Pfeffer und etwas Knoblauch in Joghurt und gibt alles als Soße über das braungebratene Geflügelfleisch.

»In unserer Familie gehen wir mehr und mehr dazu über, Fleisch direkt vom Erzeuger zu kaufen«, sagt Dennis. Er ist in einem Tierschutzverein aktiv und engagiert sich gegen Massentierhaltung und Tiertransporte. »Menschen haben immer Fleisch gegessen – es kommt nur darauf an, wie das Tier gehalten und dann geschlachtet wurde.« Biofleisch sei außerdem viel fester und schmackhafter. Auf Fleisch will Dennis auch in Zukunft nicht ganz verzichten. »Aber ich esse es sehr bewusst ...«

Hier finden Sie Hilfe

Die Liste erhebt keinen Anspruch auf Vollständigkeit. Ein bundesweiter Überblick würde den Rahmen sprengen. Doch über folgende Kontaktadressen finden Sie Ansprechpartner in ihrer Stadt oder Region. Werfen Sie außerdem einen Blick ins Telefonbuch: Örtliche Sucht-, Familien- und Eheberatungsstellen, Verbände der Freien Wohlfahrtspflege, Gesundheitsämter, die Telefonseelsorge und Krankenkassen können ebenfalls bei der Suche nach geeigneten Institutionen weiterhelfen. Eine interessante Anlaufstelle im Internet bietet www.hungrig-online.de

Serviceadressen Deutschland

Kliniken und teilstationäre Einrichtungen
Medizinisch-Psychosomatische Klinik Roseneck
Am Roseneck 6
83209 Prien am Chiemsee
Tel.: 0 80 51/6 80
www. schoen-kliniken.de

Klinik am Korso
Ostkorso 4
32545 Bad Oeynhausen
Tel.: 0 57 31/18 10
www.klinik-am-korso.de

Psychosomatische Fachklinik
Kurbrunnenstr. 12
67098 Bad Dürkheim
Tel.: 0 63 22/93 40
www.ahg/Bad.Duerkheim.de

Adipositas Reha-Zentrum, »Insula« für Kinder
Insula Weg 8
83489 Strub
Tel.: 0 86 52/5 95 22
www.insula.de

Spessart-Klinik Bad Orb
Würzburger Str. 7-11
63619 Bad Orb
Tel.: 0 60 52/8 70
www.spessart-klinik.de

Psychosomatische Klinik
Birkenweg 10
24576 Bad Bramstedt
Tel.: 0 41 92/50 40
www.schoen-kliniken.de

Kinderklinik und Poliklinik der technischen Universität
München im Krankenhaus München-Schwabing
Kölner Platz 1
80804 München
Tel.: 0 89/3 06 80
www.kms.mhn.de

Klinik Bad Herrenalb
Kurpromenade 42
76332 Bad Herrenalb
Tel.: 0 70 83/50 90

Therapiezentrum für Essstörungen
Schleißheimer Str. 267
80809 München
Tel.: 0 89/3 56 24 90
www.p-c-e.de

Klinik und Poliklinik für Kinder- und Jugendpsychiatrie
an der Universität
Fetscherstr. 74
01309 Dresden
Tel.: 03 51/45 80

Krankenhaus St. Barbara/St. Elisabeth
Barbarastr. 4
06110 Halle/Saale
Tel.: 03 45/4 82 50
www.krankenhaus-halle-saale.de

Krankenhaus Rissen
Surheid 20
22559 Hamburg
Tel.: 0 40/8 19 10
www.kh-rissen.de

Fachklinik Waldmünchen
Krankenhausstr.3
93449 Waldmünchen
Tel.: 0 99 72/30 80
www.waldmuenchen.de/klinik.htm

Betreutes Wohnen
pathways, Therapie und Wohnen
Pilotystr. 6
80538 München
Tel.: 0 89/29 20 44
www.ANAD-pathways.de

Verbände und Institutionen
Bundesfachverband Essstörungen e.V.
Kurt-Schumacher-Str. 2
34117 Kassel
Tel.: 05 61/71 34 93

Bundeszentrale für gesundheitliche Aufklärung
Ostmerheimer Str. 220
51109 Köln
Tel.: 02 21/8 99 20
www.bzga.de

Deutsche Hauptstelle gegen die Suchtgefahren (DHS) e.V.
Westring 2
59065 Hamm
Tel.: 0 23 81/9 01 50
www.dhs.de

Dick und Dünn,
Beratungszentrum bei Essstörungen e.V.
Innsbrucker Str. 25
10825 Berlin
Tel.: 0 30/8 54 49 94
www.dick-und-duenn-berlin.de

Cinderella e.V.
Westendstr. 35
80339 München
Tel.: 0 89/5 02 12 12
cinderellaberatg@aol.com

Bielefelder Zentrum für Essstörungen e.V.
Marktstr. 35
33602 Bielefeld
Tel.: 05 21/6 59 29
www.B-Z-E.de

Die Brücke e.V.
Walddörfer Str. 337
22047 Hamburg
Tel.: 0 40/4 50 44 83

Die Waage e.V.
Eimsbütteler Str. 53
22769 Hamburg
Tel.: 0 40/4 91 49 41
waage.hh@freenet.de

Frankfurter Zentrum für Essstörungen e.V.
Hansaallee 18
60322 Frankfurt
Tel.: 0 69/55 01 76
www.fz-ess-stoerungen.de

KABERA – Kasseler Beratungsstelle
bei Essstörungen e.V.
Kurt-Schuhmacher-Str. 2
34117 Kassel
Tel.: 05 61/78 05 05

Institut für Eltern- und Jugendberatung
Domplatz 4
38100 Braunschweig
Tel.: 05 31/4 56 16
www.erziehungsberatung-bs.de

AOK Gesundheitszentrum
Jägerstr. 25
45127 Essen
Tel.: 02 01/2 01 10
www.aok-rheinland.de

KESS-NRW, Kontakt- und Behandlungszentrum
bei Essstörungen
Himmelsgeisterstr. 107
40225 Düsseldorf
Tel.: 02 11/33 50 44
www.kess-nrw.de

ANAD e.V. Beratungsstelle für Essstörungen
Seitzstr. 8
80538 München
Tel.: 0 89/24 23 99 60
www.ANAD-pathways.de

Deutsche Arbeitsgemeinschaft der Selbsthilfegruppen e.V.
Nationale Kontakt- und Informationsstelle, NAKOS
Albrecht-Achilles-Str. 65
10709 Berlin
Tel.: 0 30/8 91 40 19
www.NAKOS.de

Berufsverband Deutscher Psychologinnen und
Psychologen e.V.(pid)
Heilsbachstr. 22-24
53123 Bonn
Tel.: 02 28/98 73 10
www.psychotherapiesuche.org

Psychosoziale Beratungs- und Behandlungsstelle
für Suchtkranke des Caritasverbandes und des
diakonischen Werkes Augsburg e.V.
Doktorgäßchen 7
86152 Augsburg
Tel.: 08 21/3 15 62 81

Serviceadressen Österreich

Informationskreis Kind und Ernährung
Graf Starhemberggasse 39/20
A-1040 Wien
Tel.: 00 43/1/5 04 28 29-3
Fax: 00 43/1/5 04 28 29-4
E-Mail: office@informationskreis.org

Allgemeines Krankenhaus der Stadt Wien
Universitätsklinik für Neuropsychiatrie des
Kindes- und Jugendalters
Währinger Gürtel 18–20
A-1090 Wien
Dr. Karwautz
Tel.: 00 43/1/4 04 00 30 14
E-Mail: Essen.Neuropsychiatrie@univie.ac.at

Universitätsklinik Kinder- und Jugendheilkunde
Anichstraße 35
A-6020 Innsbruck
Tel.: 00 43/512/5 04-35 02

Set.Point Wien e.V.
Seitenstettengasse 5/7
A-1010 Wien
Tel.: 00 43/1/4 70 06 78
E-Mail: setpoint@gmx.at

ANAD-Selbsthilfe
Aichholzgasse 52
A-1120 Wien

So what? Beratungsstelle für Essstörungen
Staudgasse 7/1
A-1180 Wien

Overeaters Selbsthilfegruppe für Essstörungen
St. Veitsgasse 25
A-1130 Wien
Tel.: 00 43/1/87 83 90

Set.Point Graz
Klaudia Tertschnig
Tel.: 00 43/664/5 43 31 26
E-Mail: tertschn@hermes.kfunigraz.ac.at

BAS-Suchtberatungsstelle Graz
Schönaugürtel 53
A-8010 Graz

Verein Netzwerk Essstörungen
Frau Magister Christina Schrattenthaler
Fritz-Pregl-Str. 5
A-6020 Innsbruck

Serviceadressen Schweiz

Psychiatrische Poliklinik
Culmannstr. 8
CH-8091 Zürich
Tel.: 00 41/1/2 55 52 80

Psychiatrische Poliklinik
Inselspital Bern
CH-3010 Bern
Tel.: 00 41/31/6 32 88 11

Overeater Anonymus
Beratungsstelle für Essstörungen
Tel.: 00 41/1/4 63 55 66

Kontaktstelle für Selbsthilfegruppen
Lämmlisbrunnenstr. 55
CH-9000 St. Gallen
Tel.: 00 41/71/222 22 63
E-Mail: info.selbsthilfe@paus.ch

Klinik Wysshölzli
Suchtfachklinik für Frauen mit Substanzabhängigkeiten
und Essstörungen
Waldrandweg 19
CH-3360 Herzogbuchsee
Tel.: 00 41/62/95 62 32 56
E-Mail: info@wysshoelzli.ch

Zur Autorin

Eva Goris, Jahrgang 1956, studierte Biologie und war von 1978 bis 1986 Redakteurin bei der Westdeutschen Allgemeinen Zeitung (WAZ). Nach weiteren Tätigkeiten als Pressesprecherin der Umweltschutzorganisation Greenpeace sowie als Ressortleiterin Umwelt bei der Zeitung BILD der FRAU ist Eva Goris seit 1990 als Ressortleiterin Umwelt der Zeitung BILD am SONNTAG tätig. Sie initiierte unter anderem Serien wie »Tatort Tierfabrik«, »Vergifteter Alltag« und »Essen – aber was?« Für die BILD am SONNTAG-»Aktion 2000« über Kinder dieser Welt wurde Eva Goris mit der Ehrenmedaille der SOS-Kinderdörfer ausgezeichnet.